ひまわり

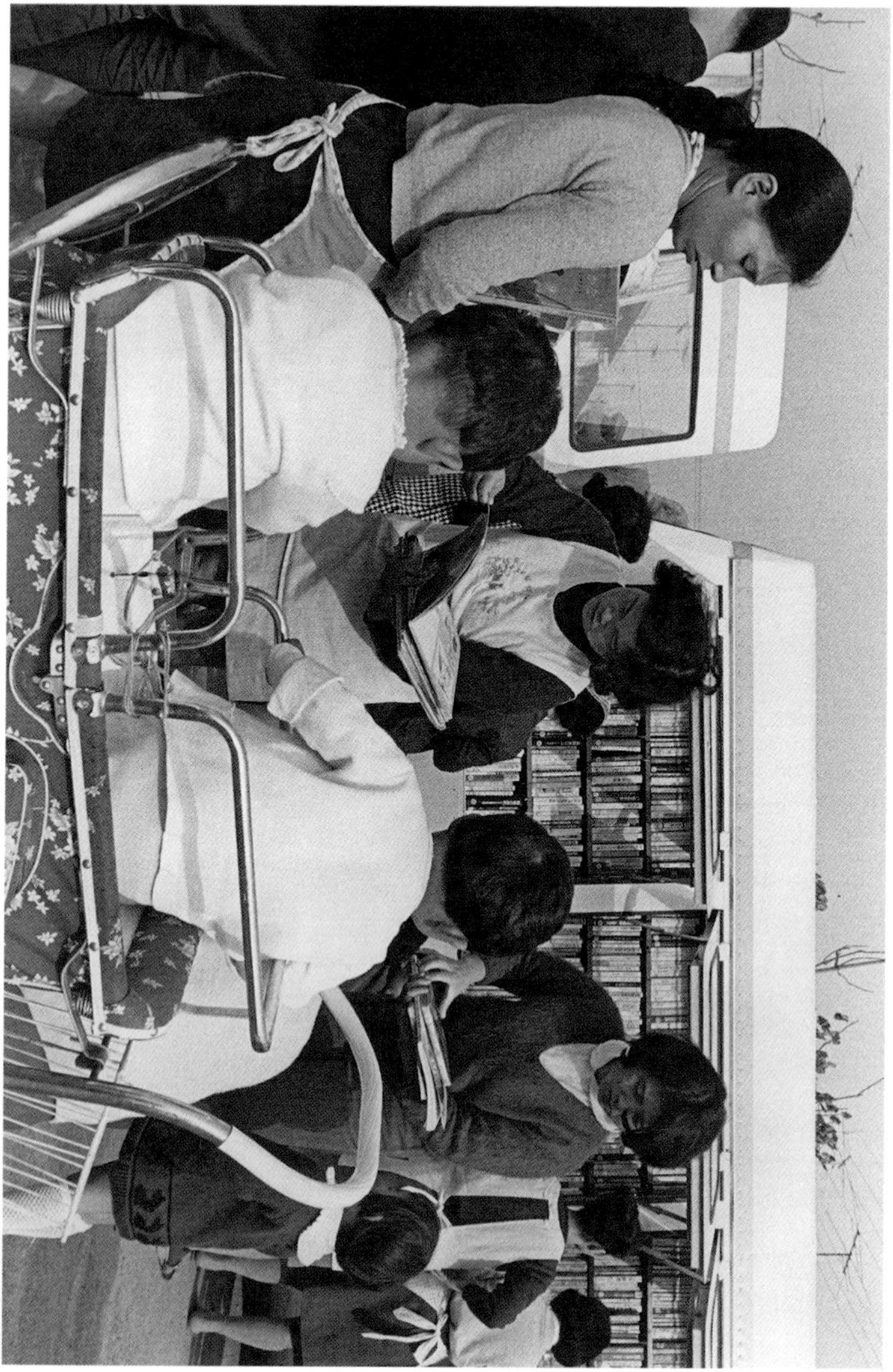

こどもとしょかん

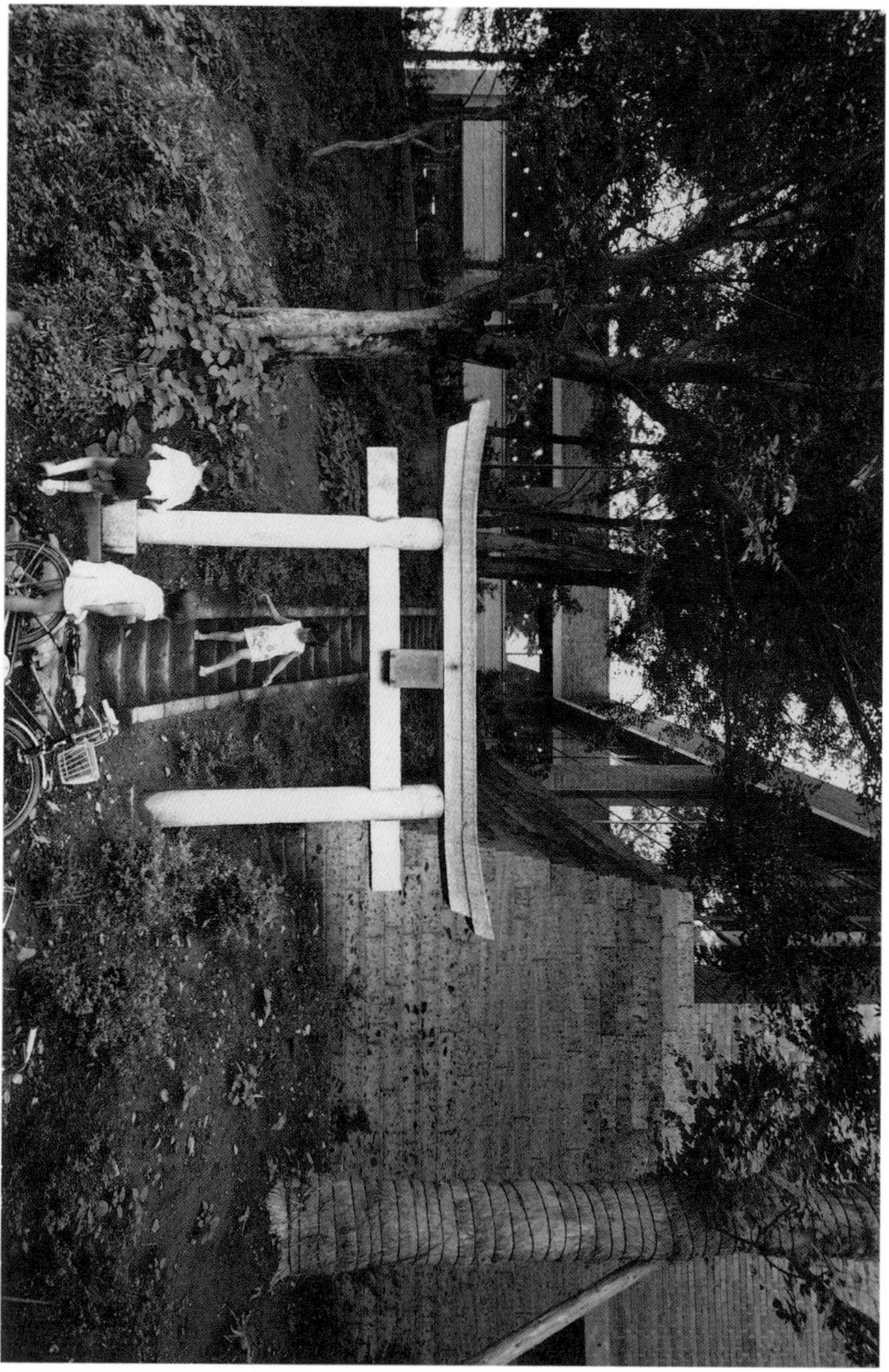

Ⅰ、Ⅱ
移動図書館ひまわり号　一九七〇年
撮影：荻生敏彦

Ⅲ、Ⅳ
多摩平児童図書館（電車図書館）　一九七〇年
撮影：荻生敏彦

Ⅴ
多摩平児童図書館　一九九二年
撮影：多摩平児童図書館職員

Ⅵ～Ⅷ
中央図書館　一九七三年
撮影：彰国社写真部

移動図書館ひまわり号

前川恒雄

装幀　櫻井久（櫻井事務所）

移動図書館ひまわり号

図書館を求めて

『中小レポート』

一人の人間の生涯でも、何かの事業でも、大きな飛躍がなしとげられるのは、最悪の条件のもと、最低の地点から、全力をふりしぼって跳ぶことによってであることが、しばしばある。日本の公共図書館がそうだった。その発展の拠点となった東京都の日野市立図書館は、移動図書館一台だけでスタートし、館長であった私はこの車にすべてをかけて、新しい図書館をつくるために、力いっぱい跳んだのだった。

日本の公共図書館発展のテコになった図書館が日野市に作られたのは、この地が有山崧《たかし》を生んだからである。有山は、戦後の最も苦しい時代であった昭和二十四年から、日本図書館協会の事務局長として図書館の発展のために働きつづけていた。当時の数も少なく金もない図書館の連合体であった図書館協会は、財政が苦しく、少ない職員の給料もはらえないような状態に何度かおちいった。そのたびに有山は、私財をつぎこんで危機を救った。有山の家は代々つづいた素封家で、戦後、農地解放で所有地の大部分をなくしていたが、協会の財政破綻をおしとどめるだけの力は残っていた。財政面だけではなく、その情熱と見識によって、有山は日本図書館協会そのものであったし、日本の図書館界における最も優れたリーダーであった。

石川県の七尾市立図書館の司書であった私は、昭和三十五年、有山に呼ばれて図書館協会の職員になった。そのとき、有山は四十八歳、私は二十九歳だった。職員たちは二十代、三十代で、図書館のためにという一点で結ばれ、安い給与も残業も苦にならなかった。私に与えられた仕事は、機関誌「図書館雑誌」の編集、そして調査と統計だった。

昭和三十五年といえば、安保反対デモが国会をとりまき、樺美智子《かんば》が死に、三池炭鉱で労働争議が起きるなど、日本全国が騒然たる空気につつまれていた年である。図書館の世界では、直接それらの動きと連動することはなかったものの、こういうときに図書館は何をすべきかが論議されていた。有山は、「図書館は何をするところか——国会デモに思う」という一文を「図書館雑誌」に発表した。それは、安保闘争にあらわれた民衆のエネルギーを評価しながらも、条約そのものについてどれだけ理性的な検討が広くおこなわれたかを問い、図書館の役割を説いた文章である。

だが図書館の教育性とは、資料を要求して、それを理性的に検討し自己の意見を自主的に決定する、という合理的精神を民衆に植え付けることである。つまり民主的能力の培養ということである。

この文章は、有山の図書館観を端的に表わしているが、同時にその人柄をも示している。およそきざとは縁の遠い、質朴な剛直さをたたえた風貌と、野球の硬球のような堅さと弾力を秘めた精神を持ち、体はあまり大きくはなかったが実際以上に大きく見え、会う者は誰もが一種の迫力を感じた。

安保の年はまた、カラーテレビの本放送が開始され、テレビ視聴者が爆発的に増えた年でもある。それは当然読書に影響を与え、人間の思考能力、想像能力に対しても猛威をふるうようになる。それだけが原因とは言えないが、図書館の利用は次第に下がっていった。

昭和三十七年度には、市町村立図書館は六四二館、職員は二五六二人、貸出冊数は約七二二万冊であった。当時は入館者数が図書館利用を計る数値として重視されていたが、この年の入館者は一九七三万人で、貸出冊数はその二分の一にも満たなかった。図書館が貸出しよりも閲覧を重視し、その結果、入館者の大部分が閲覧すらしない受験生によって占められていたからである。

このような状況は、図書館員の表情にも影をおとしていた。ある図書館を事実上背負って立っていた勤続二十年の一図書館員が、電車の中で中学時代の同級生にばったり出会った。おきまりの挨拶のあと、「君は、いま何をしているんだね」と聞かれたとき、彼は答えることができなかった。

「なんで胸を張って、図書館に勤めていると言えなかったんだろう。きっと、何か社会の無用者みたいな感じが意識の底にあって、恥かしかったんだ」

これは一つの例というよりも、当時の図書館員の誰もが大なり小なり持っていた感覚でなかったろうか。

そのころの日本の図書館界は、国に頼って発展をはかろうという体質が強く、図書館協会の役員会でも、補助金をいかに獲得するかという作戦がいつも議題になっていた。補助金を要求するには根拠となる計画がなければならないということで、「ナショナル・プラン委員会」が設置されていたが、実際には休眠状態であった。

そんなとき、有山の発案で、中小公共図書館の運営基準を作ろうということになり、協会内に委員会が設置された。委員長は京橋図書館長清水正三、委員は六人で三十代の論客ばかり、事務を私が担当するよう命じられた。

図書館協会は上野図書館の裏の木造二階建てにあったが、ぎしぎし鳴る階段をのぼって七人の委員がはじめて集まってきたのは、秋ももう深くなったころだった。最初に私が企画のねらいを説明したが、たちまち原則論議にひきもどされた。

「中小公共図書館とは何をさすのか」

「運営とは何か」

「基準とは数字をあげればいいのか、仕事の基準をも示すのか」

私は有山と十分打合せをしておかなかったことを悔いながら、あまり明瞭とはいえない説明でお茶をにごし、とにかく第一回の会合を終えた。会のあと、原則的なことを聞かれて困ったと報告したら、有山はひと言、こう言った、

「そんなことは、現実の図書館を見れば自然に分ってくるものだよ」

次回の委員会で、まず図書館を見ること、調査することから始めようということになり、調査項目づくりが始まった。すると、何を調べるべきかがはっきりしてくると同時に、原則的な疑問への解答までが浮きでてきた。具体的な目標がない論議は空論に流れがちだが、何かを作るために論議をすれば、抽象的な原則の意味も明らかになってくるのだった。

十二館を調査することにし、最初に委員全員で岡谷市立図書館に行ったが、そのときの徹底的な調査方法が以後のレールをしいた。その後の十一館の調査には、委員一人と私のほかに、地方の図書館員に調査委員として加わってもらうことにして、なるべく気鋭の、理論と

実務に力のある人を選んで依頼した。ところが、何人かの人について、館長が参加させないと言ってきたり、県立図書館の館長が横やりを入れてきたりした。そういう場合はすべて、有山がなだめすかして何とか認めてもらった。有山が人選したわけではないのに、電話で長いやりとりをしているのを横で聞いていて、狭量な人間が、案外館長というような人のなかにいること、一つの企画を進めるには陰で泥をかぶる人間が必要なことなどを学んだ。

調査がどんなものであったか、次は地方委員の一人の回想である。

その頃僕はM県立図書館にいて、中小レポートの地方調査員になっていた。でもそれが、一体どんなことをするのかさっぱりわからないままに、東京からはるばるやって来た調査員が、新進気鋭のM氏とI氏の二人だというので、ただそのあとをついて歩いていたようなもんだったけど。

調査の初日の夜かな、県立図書館の方で一席設けたわけ。当時の、地方に勤めている僕なんかにしてみれば、市内の一流の料理屋で一杯……なんてめったにないことだし、県のえらい連中もずらっと並んでいて、すっかりいい気持だった。ところが、M氏もI氏も杯を手にしないんだ。「いやこれからまだ、昼の調査の総括をやりますから」っていうと、さっさと食事をすませて、席を立つじゃない。こっちも地方調査員なんていう手前、知らん顔も出来ないから仕方なしについて行ったけど、うらめしかったなあ。それから真夜中過ぎまで、ケンケンガクガクの討論をするんだ。こっちは、眠くて眠くて、しかも中途半端に呑んでるから落ちつかないし、まあ今にして思えば、彼等の方にも幾らかの気負いがあったのかもしれないけど、その時は、全くひでえやつらだと思って頭に来たね。

でもそれと同時に、ひとつの衝撃があった。ぬるま湯的な日常の仕事の中にどっぷりつかっていたような当時の僕にとって、「彼等はやっているんだな」というショック。それから、何か新しいものが、ここから生まれるんじゃないかという緊迫感。――そんなものを強く感じたんだ。あるいは、このことが、僕にもう一度公共図書館のことを考えさせるキッカケになっているのかもしれない。（久保輝巳）

調査によって、私たちは日本の公共図書館の真の姿がはっきりと分った。選ばれた図書館ばかりだったから、どちらかといえば学ぶ点も多く、なかにはこちらが調査されているのではないかと思えるような立派な館もあった。だが、多くの館では、これでいいのかという思いが強くなり、その原因をたぐってゆくと、どうにもならない壁につきあたり、最後には溜息をついてしまった。それが当時の日本の図書館の姿だった。

利用はすべての図書館で少なかった。ただ、私たちもその程度で普通だと思っていたから、今から考えると一桁少ない年間数万冊の貸出しでも多いほうだと感じられた。ある図書館は、報告では貸出しが多いので調査館に選ばれたのだが、行ってみると、どうも利用が少ない感じがするので、貸出票を一枚一枚調べてみたところ、一冊の本を十日貸し出すと十冊貸し出したということにしていた。本が返されるのが遅れれば貸出冊数がふえることになる。あとで気づいたことだが、利用数の水増しはあちこちで行なわれていて、ある県立図書館などは実数の何倍かにする方程式を作っていた。ある調査館では移動図書館が主力になっていたので、同乗させてほしいと頼んだが、何のかのと止むをえない理由を出してきて、どうしても乗せてくれなかった。あまりしつこくも頼めず、あきらめてしまった。

こういう例は、いつわりを承知でしていることだから、まだ救いがあるが、やりきれない思いをしたこともあった。

当時は図書館に入るときには入館票が渡されるのが普通だったし、なかにはそれに住所、氏名から性別、年齢まで書かせる館もあった。それは職業別、性別、年齢別の統計をつくる資料となり、ていねいに仕分けされていた。ある館では職員たちが入館票を見ながら、「どうもあの奥さん、こんなに若くはないよ。確かめないといけないな」と、大まじめで話しあっていた。利用が少なかったから、こういうナンセンスな作業ができたのか、こんな関所を作ったから利用が少なかったのか。

カード目録の書き方についても、現実ばなれした学が猛威をふるっていた。第一行に著者名を書くことになっていたが、それは本名でなければならず、森林太郎や夏目金之助ならまだしも、永井壮吉、平岡公威《きみたけ》あたりになってくると、分る人が少なくなる。利用者を困らせるために、図書館員は人名辞典をひきひき目録を作っていたようなものだ。外国人の氏名は原つづりで書くということになると、さらに無意味になる。イギリス人やドイツ人でもすぐには分らないが、ロシヤ人になると、まず原つづりを調べ、それを翻字表でローマ字に直してから書かねばならない。そんな目録をひける利用者が何人いるだろうか。小さな図書館でそういう作業にこつこつ励み、それが専門的な仕事だと思っている司書を見ると、誰のために何をするのかを見失った学の犠牲者のような気がした。

あまりにも貧しい予算のために新しい本が少ししか買えず、市民にあきらめられて利用が少なくなる。そういう状況のなかでは、飛躍的な発展など想像することさえ許されず、結局、市民とは無縁な技術の範囲で仕事をするようになる。また、図書館という書物に囲まれた場所で、自分の能力を何とか生かす道をもとめていくと、多くの場合、郷土史か広い意味の詩へたどりつく。

群馬県のある市立図書館では、一人の熱心な司書が国定忠治の資料を集め、その研究にうちこんでいた。私たちはひと晩その人の話をきいた。それは実に面白く、つりこまれたある委員がつい、「この館には『忠治旅日記』がありますか」と聞いてしまった。こういう研究の意味を否定するわけではないが、有能な司書を、市民生活に必要な歴史や行財政の資料とは無関係な、趣味的・好事家的な郷土史の研究にのめりこまざるをえなくさせている図書館の現実に、何ともつらく、もどかしい思いがこみあげてくるのだった。

図書館の実地調査と併行して、東京の委員たちは「運営基準」作成のための討議を重ねた。都や近県の公共宿泊施設に一泊か二泊しては討議したが、ほとんど徹夜になった。よく使った埼玉県のある施設では、二、三回目から、「どうせ寝ないんでしょ」と言って夜具の用意をしてくれなくなった。

何をそんなに夢中になって論議したのか、いまとなると不思議な思いがする。まず委員によって用語に持たせる意味の違うことが最初のつまずきとなった。たとえば「館外奉仕」が、図書館員が館外に出ていってするサービスを指すのか、本を館外に貸し出すサービスを指すのかについて、委員の理解に違いのあることに気づくまでに相当時間がかかり、それをまとめるのにまた時間がかかる。これは定義づけの問題だから、まとまればそれで落着するが、定義づけだけではすまない問題もある。本だけで理解している人と、実際の仕事を通して感得している人とでは、言葉の内容のふくらみが微妙に違うのである。「郷土資料」の定義を下すのは、それほどむつかしいことではない。しかし、委員たちがこの言葉を口にするとき、郷土資料を扱う仕事に魅力あるいは魔力を感じているかどうか、その仕事にこびりついている垢のようなものが見えているかどうかによって、いつも食い違いが生じた。現実の底にたまっているおりのようなものを説明するのは非常にむつかしいことで、分っている者同士では何でもないことの討議に、案外時間をとられた。

調査した図書館の評価についても、委員の意見は食い違った。理論上の差であれば解決することも歩み寄ることもできるが、感覚的な違いは議論をしてもまとまりにくかった。たとえば、職員が実質的には一人だけという図書館がある。そこでは一人の職員が何から何までやっており、その努力には無条件に脱帽してしまいがちである。しかし、そういう所がはたして図書館の名に値するのかどうかは、おのずから別問題である。そこには図書館の作業はあっても運営がない。日常業務は消化しているが発展のための見通しがない。そういう図書館に感激するのはほとんど感傷に近いことなのだが、そういう感じ方を含めての議論は収まりのつかないものだった。

このように、委員会の討論は終始生産的であったとは言えないが、委員の間には一つの共通認識があった。このままでは公共図書館は市民からますます遠ざかり、その存在理由を問われる事態にもなるだろう。現状を改革し、図書館を再生させるためには、図書館は何をするところかという基本的な考え方から技術の細部にいたるまでのすべてを見なおし、考えなおさなければならない。まず、公共図書館の現場、特にサービスの第一線で、利用者のために何ができるか、何をすべきか、何が要求されているかを新たに見定める必要がある。何かの権威や学に拠るのではなく、利用者、市民に拠るべきで、改革の視点と支点はこれ以外にはありえない。これが調査にかかる前の予感であり、調査と討論がすすむにつれての結論であった。

ここから自然に導きだされるのは、市町村立図書館こそが公共図書館の中心であり、国立や県立の図書館は市町村立図書館の役にたつためにあるという考えである。

そのころ、おおむねの市町村立図書館の目標は、県立図書館のようになることであり、先進的な仕事は県立図書館がやってみせるというのが常識だった。私がある市立図書館に唯一の専門家として就職したとき、まず与えられた仕事は、その図書館には児童書が一冊もなかったのに、「国会図書館と同じ種類の目録」を作ることであった。県立図書館が市町村立の手本であり、国立国会図書館が県立の手本であり、その向うには外国の図書館がひかえていた。

別の市立図書館で働いていたときにはこんなことがあった。ある日、県立図書館に研究集会の打合せをしに行ったところ、テーマの一つは「デパートメンタリゼーション」だという。私にはどういうことか分からなかったが、聞くのが恥かしくて（いま思えば、聞かないこととこそ恥かしいことだった）、帰ってから辞典をひいてみた。しかし、そんな言葉はない。しかたがないので、提案した人に電話をしてみたら、こう答えられた、

「いやあ、私もよく分らないんですが、中央からおりてきたので……」

「デパートメンタリゼーション」とは「主題別図書館」のことで、一つの部屋では数十万冊の開架図書を管理できないために考えられた方式であり、当時の日本では全くの空論であった。

この言葉に限らず、外国の何かを手本にするとき、学び方が間違っているために、その内容が分らなかったり、意味を取りちがえて研究していたことに、私はその後イギリスに行ってから気がついたのであった。

市町村立と国立、県立との関係を逆転させなければならない。市民の身近でサービスする市町村立図書館が自分の足で立つことができれば、そこから全公共図書館の発展する道がひらけ、正しい理論も生れるはずである。全委員がそうはっきりとさとったとき、全く新しい世界がひらけてきた。それは大げさに聞えるかもしれないが、「コペルニクス的転換」というにふさわしい意識の変革であったが、地動説がそうであったように、理論的な発見が常識となるまでには、まだまだいくつもの山をこえなければならないだろう。

図書館の最低必要図書費を算定する作業も一つの発見であった。人口五万人の市を想定し、

必要な蔵書数を約三万冊とする。その蔵書を新鮮に維持するために、耐用年数を考えて年間購入冊数を計算し、それに図書の平均単価をかける。すると、約二六三万円になってしまった。県立図書館の年間図書費の平均が二〇〇万円のころである。

「どこかで計算間違いしたんじゃないか」

もう一度計算してみたが、間違いではない。耐用年数を増やし単価をおさえてみても、結果はそれほど変らない。

「多少手直ししてもたいして変らないということは、これしかない、これが正しいということでしょうね」

「だとすると、いまの図書館は最低以下の図書費しか持っていないということになるのかな」

私たちは、図書館の本来あるべき姿と比べて、現実がいかに貧しいかを知ってはいたが、具体的な計算でよりはっきりと認識した。すると、その貧しさを自覚できないまま必要のない仕事にエネルギーを費やしたり、能力を図書館本来の仕事に生かせないために余技的な分野に目的をみつけ、それを何とかサービスに結びつけようと努力したりしている人たちの顔が浮かんでくるのだった。

委員会では、公共図書館は何をするところかという基本問題について、真正面から討論したことはない。しかし、その問題は、具体的な図書館業務をどう評価するかについて議論するとき、背景に見えかくれした。特に、読書会や児童へのサービスなどについて、積極論と消極論がたたかわされたときに強くあらわれた。だが討論が基本問題にまで達する前に、一種の妥協が成立するのが常だった。それは委員たちが、その問題を抽象的な言葉で議論していたら、いくら時間があっても足りないことを察して避けた面もあったが、具体的な業務と基本問題とのつながりをよく理解していなかったからだと言うべきだろう。

おおすじの意見がまとまったのは、委員会が発足してから二年たったころだった。いよいよ報告書を書くことになり、委員全員で執筆を分担した。原稿が集まったところで、委員長の清水と私が内容の調整、表現の統一などをすることになった。相当おおはばな修正加筆をしたので、清書した原稿を委員に回覧して承認をとってから、有山事務局長に見せた。一晩かけて読んだ有山は、強い口調で「序文はおれが書く」と言った。これが有山らしい評価のしかただった。

『中小都市における公共図書館の運営』という長い題の報告書は、昭和三十八年に発刊された。誰いうとなく『中小レポート』と呼ばれることになったこの本は、その後の日本の公共図書館に計りしれない影響を与えたが、次の三点が最も重要な理論的主柱だった。第一に、

公共図書館の本質的な機能は、資料を求めるあらゆる人々やグループに対し、効果的にかつ無料で資料を提供するとともに、住民の資料要求を増大させるのが目的である。

この主張は一見あたりまえのことのようだが、図書館をせまい意味の教育機関だとする従来の見方から抜けでるきっかけを作ったもので、当時としては目の覚めるような規定であり、住民に対する図書館員の姿勢を転換させる土台となった。

第二に、「中小公共図書館こそ公共図書館の全てである」ことが、「深い感慨を以って」書かれていた。この宣言は、中小図書館に自信と勇気を与え、それまでの事大主義を脱して、みずからの力で道を切りひらき、理論も、与えられるのではなく自分で作ってゆくのだという方向を示すものだった。

第三に、この本の構成は、従来の常識を一八〇度かえて、住民へのサービスから本の整理、図書館の管理へとつながっていくようになっていた。この構成の奥には、図書館業務のすべては住民に奉仕する現場、カウンターから出発するという考えが横たわっていた。利用者の求めるものにこたえる作業が、図書館学を真の学問にする基礎なのである。

この本は、部分的な誤りや不徹底なところを含んではいたが、多くの図書館員を鼓舞し、希望を与えた。ある人はこう述懐している、

「読みながら体がぶるぶるふるえて、一晩眠れなかった」

しかし、一方で強い批判もでた。発刊後、全国数個所でこの報告書をテキストにした研究会が持たれたが、箱根の旅館の大広間で開かれた最初の研究会で、ある館長が、「いきなり

資料提供が本質的機能だというのはおかしい。まず、何のための資料提供かを書くべきだ」という基本的な疑問を出しながら、初めから挑戦的・冷笑的な発言をつづけ、しまいにはごろりと横になって鼻で笑うような態度をとり、場を白けさせてしまった。それでも出席者の大多数は熱心に発言した。ある県立図書館員が、

「中小図書館の発展のためにも、県立図書館の充実が先ではないか」

と言ったのに対し、有山はきっぱりと答えた、

「中小図書館が変ることによってしか、県立図書館が変り発展することはない」

この基準は絵にかいた餅だという批判も強かった。優れた活動をし、この報告書にも好意的なある司書に、「こんなに高い基準を示されては、かえって意気阻喪してしまう」と言われたこともあった。理論の正しさは一応認められても、現実とかけ離れた水準の数値が、ぜひとも必要なものとして納得されるのは相当にむつかしいことだった。しかし、この数値は、公共図書館のなすべき方向に基づいて作られたものなのだから、それが納得されないことには、逆に基本的な方向まで疑われかねない状況であった。ここで、誰かが『中小レポート』の正しさを実際に証明しなければならなかった。

イギリスにて

昭和三十七年、有山はスイスのベルンで開かれた国際図書館協会連盟の総会に出席し、ヨーロッパ、特にイギリスの図書館を視察してきた。

「ウェストミンスター区立図書館の貸出部など、昼休みはまるで芋の子を洗うような混雑で、貸出しのやり方も、トークンという札とひきかえるだけ、あとは何もしないんだ」

こんな有山の見聞は、ショックというよりも疑いの目で見られた。

「イギリスなどヨーロッパでは、読書運動のようなことは全くしていない。図書館を作れば国民の読書が拡がるという考えらしい。国民の社会的な成熟度が違うのかね。日本でもそうすればいいいんだろうか。よく分らないね」

有山は、この疑問をたしかめ、イギリスの考え方を日本に適用できるかどうかを調べるため、日本の図書館員をイギリスで研修させようと考え、イギリス図書館協会や大使館と交渉して、その道をつけた。

最初に二人行くことになり、その一人に私が選ばれた。有山のこの研修にかける期待の大きさを前に、私は自信をうしなった。

「私は英語もへただし、どこまでイギリスから吸収できるか自信がありません。誰かほかの人にやらせてください」

　有山はいたずらっぽく笑いながら言った、

「行きたいという者はほかにもいるが、行きたくないという者にこそやらせたくなる」

　こうして昭和三十八年の十月から六カ月間、イギリスに行くことになった。

　イギリスでは、留学生の世話をするブリティッシュ・カウンシルが滞在費を負担してくれ、スケジュールも作ってくれた。私は一館に二週間ずつ、人口五万人程度の数市の市立図書館で実習することになった。

　余談になるが、しばらくたったころだった。下宿の女主人、客の牧師さんといっしょにテレビを見ていたら、アメリカのケネディ大統領の街頭パレードの同時中継になった。突然、大統領がくずれるようにかがみこみ、しばらくしてパレードは大混乱におちいった。女主人が、「オー、ノー」とうめいた。三人とも何が起ったのか分らず黙っていたが、暗殺らしいと分ってからも、あまりの衝撃に口がきけなかった。

　牧師さんがやっとつぶやいた、

「なぜ、アメリカではこんなことが起るのでしょう」

　女主人が言った、

「日本ではどうですか」

「最近、野党の党首が暗殺されました」

外国にいたせいか、世界全体が暗い方向にむかっているような感じがして、いつものようには話がはずまず、そこそこに寝室に引き取った。


最初の研修館はスウィントン・アンド・ペンドゥルベリー市立図書館で、館長はコットン氏であった。独身のコットン氏の、自分の家に泊りなさいという言葉に甘えたので、家に帰ってから、図書館で学んだことを館長に確かめたり質問したりすることができた。

小さな古い図書館だったが、利用の多さにまず驚いた。あとで、それは別に珍しいことではないと気づくのだが、日本の図書館に比べると、利用者が湧いてくるという感じだった。特に土曜日には貸出カウンターの前に行列ができ、それが館の外までつづいている。日本の図書館のような受験生の空席待ちとは全く違う、本を借りるための行列で、貸出手続きは実に簡単なのに、行列はなかなか縮まらない。利用者の大部分は婦人と子供で、利用がいちばん多いのはマーケット・デーである。その日には町の広場に市《いち》がたち、安い品物を売る商人が集まってくる。主婦はそこへ買い出しに行き、ついでに図書館に寄るのである。

イギリス人のほうが日本人より本を読んでいるように見えた。昼休みなどにも熱心に読んでいる人がいた。大読書人ではないが、週に一冊くらい読む庶民が大勢いるように思えた。

このような知的中産階級が社会の中堅となっている国は安定していて、そのために図書館が果している役割は非常に大きいと感じた。

日本の図書館と比べて、全くうらやましく思ったのは、蔵書の新鮮さと豊富さだった。古書店よりも汚なく古い本ばかりが目だつ日本の図書館は、全体が暗くかびくさい感じで、学生でなければ好事家のためのものというイメージがあった。イギリスの図書館では蔵書が新しくて美しく、書架は読者の手が自然にのびるような本でうずまっており、新刊書店のような感じである。これが利用者を引き寄せる大きな理由であることは、ひと目で分った。新鮮な本が多いということは図書費が豊かだということで、図書費こそが図書館の魅力の源泉であり、日本の図書館の弱点は図書費の少なさ、それも桁ちがいの少なさであることがよく分った。

図書館の明るさは蔵書の新鮮さによるだけではない。イギリスの図書館の貸出係は、いつも利用者に何か声をかけている。

「おばあちゃん最近来ないけど、元気?」

「お宅の犬、子を生みました?」

どんなに忙しくても、「サンキュー」だけはかならず言う。サンキューは、「ありがとう」ほど重くない「どうも」くらいの感じだが、それを利用者ではなく職員が言うところが、日本とイギリスの違いである。

何かを調べに来た人に対しては、とことん面倒をみる。担当の司書が分らないときは副館長が、さらに館長が加わって相談し、必要な資料をさがしだす。館長室に閉じこもって、部下の作った書類にサインするだけなどという館長はまずいない。ある市立図書館を訪れ、館長に会いたいと言ったら、ごったがえす利用者のなかを、「何か分らないことはありませんか」と聞きながら、あっちへ歩き、こっちの本を教えている女性のところへ連れてゆかれた。その人が館長だったのだ。

昭和三十九年度の『日本の図書館』という統計書を見ると、七五六の公共図書館のうち、児童室のある館は二八二館にすぎない。イギリスでは児童室のない公共図書館は考えられず、こんな統計のあるのが不思議なくらいだ。市民へのサービスは、貸出し、レファレンス(調査研究)、児童へのサービスと三部門に分れているのが普通で、児童書には相当の図書費を使い、児童図書館員の地位も高い。

利用の五〇〜六〇パーセントは児童書で、児童図書館員は本の話をしたり、本を読んでやったり、その他あらゆる方法で子供を本に近づけるために働く。しかし、本を読みなさいとか感想文を書きなさいとかは絶対に言わない。小学校の一定学年のときに図書館についての授業があり、その時間には公共図書館に来て、司書が教師になって教える。なぜ公共図書館は必要か、なぜ無料か、利用するにはどうすればよいかなどを分りやすく話し、図書館の中を見せながら説明する。日本ではその数年後、東京都立高校の入学試験に珍しく図書館に関する問題が出たが、それは「日本十進分類法」の大分類を問うもので、両国の図書館教育の差に茫然としたものだった。

それまで私は児童サービスに対する態度があいまいで、その重要さをよく理解していなかった。イギリスの図書館を見て、公共図書館と学校図書館の機能の違いがはっきりと分り、私の考えは変った。

イギリスと日本の図書館では、本が違い職員が違う。そのうえに決定的な違いを思い知らされたのは、二番目の研修館エクルズ市立図書館でのことだった。館長のブライアン氏は図書館の話ばかりではなく、文学、芸術などの話もしてくれたし、日本の図書館の状況も知りたがった。私は『日本の図書館』を持って行っていたので、それを見ながら説明した。利用も規模も隠しようがなく、ブライアン氏は信じられない様子だった。

「日本には、まだ図書館を作っていない市がありますか」

「あります」

「その中でいちばん大きい市はどこですか」

「京都市です」

ブライアン氏は悲しそうな顔をして、もう分ったというように首をふった。イギリスの図書館の日本に関する蔵書には、東京や大阪よりも京都について書かれた本のほうが多い。京都は日本文化を代表する町なのである。気の毒に思ったのか、ブライアン氏はこう言ってくれた、

「日本の図書館で、何か自慢できることはありませんか」

私は長野県のPTA母親文庫のことを話した。この活動は、PTAの会員を四人一組のグループに分け、一冊の本を一人が一週間で読んで回覧し、一組一ヵ月で他のグループに回すというものである。本は学校から子供が持って帰る。読書普及運動の中でも高い評価をえていた活動である。

ブライアン氏は私の話を聞いて、根ほり葉ほり質問し、最後に強い口調で言った、

「もしイギリスでそんなことをしたら、母親たちは子供が持ってきた本を窓から放り出すでしょう」

私は体がぐるっとひと回りしたように感じた。私が日本の図書館を違った目で見ることができるようになったのは、それからである。

日本の図書館は教育し与える図書館であり、イギリスの図書館は奉仕し使われる図書館であった。図書館は、自立した個人が、自分の意志で、自分に必要な資料を自分で選ぶところ

であり、図書館員が良書と考える本を与えるところではない。

イギリスの図書館は求められもしない本を配ったりはしないが、求められた本はかならず提供する。リクエスト・サービスという制度があり、図書館にない本、あっても貸出中の本でも注文できる。貸出中のものは返ってくると取っておき、リクエストした人に貸す。蔵書にない場合は買うし、買えないような古い本、特殊な本は、他の館から借りて提供する。

図書館同士が本を貸し借りするための地方協力組織が全国にあり、組織の事務局では、どの本がどこにあるか分るようになっている。借りたい本を事務局に申し込むと、申込書が所蔵館に送られ、その本は利用者に届けられる。もし、地方組織内のどこにも求める本がないときには、全国の協力センターに申込書が送られ、そこでは全国の図書館の中から所蔵館を探しだして、本が送られてくる。市民がどんな小さな図書館を利用していても、読みたい本はかならず借りられるのである。

さらに、それぞれの図書館が一定の分野をうけもつ保存分担制度がある。ある館は「機関車」、ある館は「東洋哲学」というように分野をきめ、全体ですべての分野をカバーし、ダブらないようになっている。小説は作家別に分けられている。だから、本を借りるときだけではなく、ある問題について知りたいときも、その主題の本を収集保存している館に問いあわせればよい。おそらくその館が、他のどの館よりも豊かな資料と知識を蓄えているだろう。

小さな図書館でも、分野は小さいながら、かならず他に誇りうるコレクションを持っている。

イギリスの図書館で、毎日ごく当り前のこととして行なわれているすばらしいサービス、そのサービスを支えるためにあるみごとな協力組織、それらがだんだん分ってくるにつれて、どうしてこういう図書館ができたのだろうかと考えないわけにはゆかなくなった。私は地方自治制度、さらに社会全体へと視野をひろげていった。

これは地方自治制度の違いによるのだが、自治体内での図書館の地位が高いこと、さらに日本人とイギリス人の読書の違いなどが、両国の図書館の差を生んでいる。しかし、何をするにも結局は人であり、イギリスの図書館員のサービス精神、情熱、能力の高さが、図書館サービスの水準を世界で最も高いものにしているのである。

図書館員の能力の高さを維持するためには、それなりの制度がある。イギリスでは、図書館長や上級職員になるには司書の資格が必要である。この資格は、相当むつかしい二回の試験にパスし、三年以上の実務経験がなければ与えられない。館長、副館長、上級職員は、資格があれば全国どこの図書館にも応募でき、面接試験を受けて採用される。館長以外の人は一般に数年で他の図書館に替り、いくつかの図書館で能力を磨いてゆく。館長になると、大体は長く一つの館にとどまって、館の経営と職員の教育に専念する。

日本では全く逆で、館長にはたいてい図書館の知識も経験もない人が任命され、しかも在任期間は二、三年にすぎない。長く勤めた司書には資格十分の人が多いのに、そういう専門家が館長になる例はきわめて少ない。役所から任命された館長は、なるべく早く本庁にもどりたいので、ときには全く思いつきの目だつ仕事をしようとして職員をふりまわす。当ったの館長のときはいいが、当らなかったときは、次の人事異動まで、職員たちは毎日、ひたすら被害を少なくするようにつとめ、忍耐する。

イギリスでは、資料や情報を市民に提供するのが図書館なのであり、その責任を負っているのが館長である。だから、図書館とは一つの建物をいうのではなく、市民に資料を提供するシステム全体を指す。日本のように、○○センターや○○会館という名前の、何をするところかよく分らない建物をたて、そのなかに図書室を作って、本や情報をばらばらに提供するというような愚はしない。

イギリスと日本の図書館の考え方の違いは、そのまま建物の間どりにもあらわれる。日本では、いちばん広いのは閲覧室で、受験生でうずまっている。イギリスでは貸出室がいちばん広く、そこは本屋のように作られていて、誰でもが自由に本に接し、選び、借りることができる。レファレンス室には座席があるが、受験生はいない。小さな分館などは貸出室だけのものも多く、なかには利用者用の便所がない図書館もある。便所が必要なほど長くはいないということであろう。

私を自宅に泊めてくれたもう一人の館長スミス氏には、グラマー・スクール最終学年の男の子がいたが、彼は学校から帰るとピアノと柔道に熱中して、受験勉強など全くしなかった。イギリスには受験参考書のたぐいはない。大学入学の選抜方法の違いもあるが、本質的には学歴社会とそうでない社会の違いであろう。

スミス家での夕食後の会話は、イギリス人を理解するうえで非常に役にたった。ビートルズが勲章をもらったとき、

「イギリスでは、彼らの音楽が高く評価されているのですね」

と私が言うと、小学生の女の子が何でもないことのように言った、

「それもあるけど、彼らがイギリスに外貨をたくさん持ってきたからよ」

図書館長たちも、それぞれの責任にふさわしい人物のように見えたが、自分の個性をはっきりと出していて、相手によって話を変えたり状況に合せて要領よく立ちまわったりする人間とは違うことが、特に印象に残った。

コットンさんは夕方の雑談のおり言ったものだ、

「ファイリング・システム！　最良のファイリング・システムは暖炉ですよ」

「農民が作ったバナナやレモンにスタンプをおしてもうけている人がいる」

コットンさんはお金も学問もないような近所の人々と仲がよく、そういう人たちと私を、

方向指示器が横にはねあがる、一九三〇年代に作られたフォードに乗せて、フットボールや映画、コンサート、サーカスなどに連れていってくれた。しょっちゅうコットン家にくる老人は炭鉱夫だったそうだが、その人の英語は私には全く聴きとれず、コットンさんが通訳をつとめた。

そのころは、中ソ間で理論闘争が行なわれ、フランスが中国を承認する直前だった。

「日本は中国の近くにあるが、仲よくはならないのですか」

「体制が違いますから、急には仲よくなれないかもしれません。しかし、中国は日本にとって、あなたがたにとってのギリシャやローマのような国ですから、そのうちに仲よくなるでしょう」

コットンさんは翌日、図書館で職員に、ツネオが中国のことをこう言ったと話してくれた。

エクルズのブライアン館長は、その地方のテレビの番組を審議する会のメンバーで、ある日、テレビ局でインタビューがあるからいっしょに行こうとさそわれた。私はモニター室のようなところでテレビを見ていたが、アナウンサーがまず聞いた、

「ブライアンさん、あなたは委員として毎日どれくらいテレビを見ていますか」

「私はテレビは見ません。持っていませんから」

「え、見ない。それでどうして番組審査ができるのですか」

アナウンサーは皮肉たっぷりに横に置いてあるテレビをくるっと後ろに向けた。

「テレビを見るといったって、毎日、全部の番組を見ているイギリス人がいますかね。私は毎日おおぜいの市民に接していますから、彼らの願いがよく分る。番組は新聞を見れば分ります」

私は、こういうことを堂々と言う図書館長の自信と個性に対して、というより、人口三万の市にこういう館長がいるイギリスに対して、一種のおそれを感じた。

私は『中小レポート』を作るための調査を三年間したことで、日本の図書館を知ったと思っていた。だが、イギリスに来て図書館を見、その背景の社会に接して、日本の図書館の本当の姿が初めて分った。それまでは空気のように当り前で意識さえしなかった日本の図書館の特質が、イギリスの図書館という鏡にうつされることによって土台から分った。その土台は日本の社会そのものであって、社会の差がそのまま図書館の差となって現われているように思えた。

半年の研修を終えて帰国する飛行機のなかで、私はほとんど絶望的な気分になっていた。いくらあがいてみても、日本の図書館に発展の可能性はない。図書館自体のせいではなく、日本の社会と制度に図書館を育てる土壌がないからだ。日本の近代化は上べのものにしか行なわれず、人間の個性を解放しようとはしなかった。その結果、戦争から敗戦へという道をたどったのに、今になってもその歴史から学んではいない。帰国してからは女性の歩き方がとても気になった。目をふせ、少し前かがみになって、「私は社会に無害な人間です」という心の姿勢が体じゅうからにじみでている。イギリスに行く前には全く気づかなかったこんなことにも、図書館の将来が投影されているように思えた。

有山にイギリスの図書館について簡単な報告をし、日本の図書館の将来についての私の考えをつけ加え、もう図書館の仕事はやめて他の仕事をしたいと言った。非常な期待をかけて私たちをイギリスに送ってくれた有山に、こんなことを言うのは苦しかったが、気持をいつわることはできなかった。有山は私の考えに対しては何も言わなかった。そんなことは十分わかっていたのであろう。ただ、私のように簡単にあきらめはしなかった。そして、「そういう考えはそのままにしておいて、しばらく協会にいなさい」と言ってくれた。私もすぐ他の仕事があるわけでもないので、図書館協会の仕事をつづけていた。

有山の住む日野市には図書館がない。日野に作る以上はいいかげんなものは作れないと言っていた有山が、その日野に図書館を作り、本当の図書館が日本にできるかどうか試してみようと思いはじめたのは、そのころであろう。

日野にゆく

車一台の図書館

　昭和三十九年の秋、東海道新幹線が開通し、東京オリンピックが開催されたころ、有山は日野市の社会教育委員会議長を委嘱された。これが日野市立図書館設置への第一歩であった。有山は、その委員会のなかに特別委員会をつくり、市外の専門家五人に委嘱して、図書館と公民館についての提言をもとめた。文部省と東京都教育庁から一人ずつ、それに図書館関係者が三人で、私も委員の一人になり、このとき初めて日野市に行った。

　当時の日野市は人口七万人弱、市になって三年目で、ちょうど都心から郊外へと押しよせてくる人口増の波がしらがぶつかっていた。面積は二七平方キロ、日本の市のなかでは小さいほうだが、市内には多摩川と浅川が流れ、多摩丘陵のはしが張りだしていて、変化にとむ地形であった。まだ農地も多く、牧歌的な風景と団地が混在して独特の景観をかたちづくっていた。戦前からの大工場のほかに新しく誘致した工場があり、そこからの税収で市の財政は比較的裕福であったが、人口増にともなって学校や保育園などを作らねばならず、余裕のある財政ではなかった。文化施設は皆無で、映画館もなかった。

市の政治は保守の力が強かったが、大工場の従業員や新しい住民が多くなるにつれ、政治的基盤が徐々に変化しはじめていた。市長は保守の古谷太郎で、氏と有山は当時は仲がよく、図書館については有山の意見が重んじられていた。有山家は戦前の大地主で、有山の祖父、厳父と二代つづいて日野町長をつとめ、親戚には学者が多く、有山自身も東京大学文学部を卒業して日本図書館協会の事務局長をしていたので、日野の市政には直接かかわっていなかったが、隠然たる力を保っていた。

特別委員は検討の結果、公民館とともに図書館も作るべきであり、それはいくつかの分館と中央館とからなる組織としての図書館であると提案した。しかし、この提案が正しく受けとめられず、真剣に政策化されなかったことは、それから半年もしないうちに分った。

昭和四十年三月、私は有山から、図書館を作るために日野に行かないかと言われた。今までの経過から見て、驚きはしなかったが、有山も私も不安が強かった。私たちが考えている図書館は、それまでの日本にはないものだったし、市民の常識からも相当離れていた。そういう図書館が作れるかどうか、作れたとしても、はたして市民に受け入れられるだろうか。もし失敗したら、有山と私が傷を負うのはいいとしても、それによって図書館の新しい方向が見失われ、根づよく残っている古い考え方に力を与えることになる。そして、以後、図書館発展の道を主体的に探ることがほとんど不可能になってしまうにちがいない。しかし、とにかく日野でやってみるしかないことは、二人には十分に分っていた。

当時、市町村立図書館の館数や年間購入冊数は少しずつ増えていたが、貸出冊数は下がりつづけ、昭和三十九年度には七一二万冊にまで落ちこんでいた。何とか利用を増やそうとして、読書普及運動、読書会の指導、レファレンス、郷土資料の重視、児童サービスなどが、さまざまの論者によってそれぞれに強調され、ばらばらに論じられていた。利用は少なくても、利用者のレベルが高ければいいのだという説をとなえる者もいた。

四月一日、日野市教育委員会の職員となった私は、辞令をもらった足で庁内の幹部職員にあいさつ回りをした。最初に会った総務部長は、図書館設置の準備に来たと言う私に、

「市が図書館を作ることはないよ。都立図書館を誘致すればいいんだ」

と言った。そのあともあまりかんばしい反応はなく、図書館ができると思っている人は誰もいないように見えた。しかし、市議会にはすでに図書館設置条例案が提出され、三月議会では継続審議という扱いを受けて、次の議会にもちこされていたのだ。

都立図書館は隣の八王子市にあって、そこの移動図書館が日野市を数個所巡回していた。この移動図書館は、駐車場主任と呼ばれるボランティアに一回数十冊の本をあずけ、そこへ市民が借りに行くというやり方だったが、本はほとんど借りられず、駐車場主任の家で眠っていた。市でも多少の本を買っているから、都立図書館の車に積んでサービスすればいい、とりあえず教育委員会の片隅に積んである数百冊の本を整理してくれと言われ、「日野市民文庫」と刻まれたゴム印を一個渡された。これが図書館なのである。

そのときの、目の前が暗くなり、深い穴へ落ちこんだような気持は忘れることができない。その後、日野にいるあいだ、何ごとにも耐えられるように、不要になったそのゴム印をもらって座右に置いていた。今も私の机の引出しの中にある。

本の整理のほかに、私に与えられた仕事は、公民館設置のための補助金をもらうため、都や文部省と折衝することだった。図書館は本当にできるかどうか、はっきりしないままに日が過ぎていった。そのあいだに、市役所を改築して九階建てにし、その最上階を図書館にしようという案がでて、いつの間にか消えていったりした。このままでは名目だけの、最も悪いかたちの図書館が生れるのではないかと気が気でなくなっていたある日の夜、市の幹部職員の一人が私の家に来た。

「もう図書館は作らないことに決定しました。市長がそう言っています。条例案もとり下げになります」

その準備のために私を連れてきておきながら、図書館を作らないなどということがありうるのだろうかと思ったが、もし彼の言うとおりなら私が日野にいる理由はない。どうしても駄目なら職を探そうと妻に言った。

「有山さんにお願いしたら、きっと図書館協会にもどしてくれますよ」

妻は慰め顔で言った。今でも、あのときほど不安だったことはないと二人で話すことがある。

なかなか眠れないままに、今後どうすべきかをあれこれと考え、考えに考えて一つの結論に達した。夜に考えたことは妄想のたぐいであることが多いので、朝もう一度考え直してみてから、確信をもって有山に相談に行った。私の結論、それは移動図書館一台だけの図書館だった。私は次のように考えて、その結論を出したのである。
一、本を貸すことに徹する図書館を作りたい。イギリスでの研修で、日本の図書館は市民に本を与えようとしており、市民が読みたい本を素直に貸しているのではないことに気づいた。市民は教育される対象であり、図書館の重要な仕事は、市民に良書を読ませるために読書指導をすることだった。しかし、図書館の経費は税金でまかなわれている。それを負担している市民の生活に役だつ図書館を作りたい。市民と図書館の位置を逆転させるのだ。そのために貸出しに重点をおいた運営をする。
二、学生の勉強部屋でない図書館にしたい。日本の公共図書館は受験生に占領され、学生の勉強部屋とみなされていた。いや、いまでもそういう所が多い。一般の市民は自分の読みたい本が図書館にあるとは考えず、たとえ思いたって行ってみても、入口で受験生の長い列を見て、あきらめて帰ってしまっていた。
私が日野に行く少し前、文部省の外郭団体の発行する雑誌の企画会議があり、私も呼ばれた。その席上、公民館の指導者として高名だった人が発言した、

「子供のために学校があり、大人のために公民館があり、学生のために図書館がある」

驚いた私が、図書館はすべての人に資料を提供する所だと主張すると、氏は言い返した、

「前川さんがいくらそう言ったって、現実は私の言うとおりでしょう」

そのときの悔しさが、その後の私の仕事を支えたエネルギーの一つになったとも言える。

いまでも夏休みの終りごろになると、新聞やテレビは大図書館の前に並ぶ学生たちの姿を報道する。取材するのなら、図書館は席だけしか使わない人のためにあるのかどうかを考えてみてほしい。先生のいない教室のような閲覧室と、子供や主婦が本を借り読書を楽しんでいる貸出室を対比して、なぜこのような違いが生れるのかを、つっこんで取材すべきであろう。

日野でも、最初に図書館を建てたら、当然、閲覧室を作ることになるだろう。それが席借りに使われ、行列ができることは目に見えている。移動図書館だけなら本を貸すことしかできないし、それが図書館の本当の働きなのだということを、市民の目にはっきりと見せることができる。建物はそのあとで、必要になったときに建てれば、閲覧室のない図書館を作ることができるだろう。

三、市の全域にサービス網をつくりたい。図書館は市民生活になくてはならぬものであるべきだから、市民が歩いて行ける場所になければならない。つまり、いくつもの分館と中央館があって、それらが一つのシステムとして有機的に結ばれ、どこにある本でもどこででも使えるようになっていなければならない。

しかし、市に一つ図書館ができてしまえば、それがどんなに貧弱なものであっても、分館を作ることは非常にむつかしくなる。しばしば図書館は市の飾りか記念碑として作られ、市民生活に必要なものに成長できないまま放置される。日野もおそらく例外ではないだろう。移動図書館一台だけなら、市民は図書館ができあがったとは思わないだろうし、分館の要求はかならず市民の中から出てくるはずである。そうなってから分館、さらに中央館を作ってゆけばいい。まわり道のようだが、結果としてはいちばん早い図書館づくりになるのではないだろうか。かならずそうなると言いきる自信はなかったが、それ以外に方法がないことは確かであった。

四、図書費を多くしたい。日本の公共図書館が市民のものになれなかった最大の理由は、本が少ないこと、それがまた古く汚ないことだった。市民は自分たちの読みたい本がそこにあるとは思えなかったし、さらに問題なのは、図書館員自身がそのことに十分気づいていなかった。少数の利用者を相手に少ない本を用意し、利用が少ないのは市民が本を読まないからだと思いこんでいた。

貸出しを最重点にした運営をするためには、図書の豊富さと新鮮さが何よりも必要であり、図書費を増加させるためには、その他の経費は極力きりつめなければならない。移動図書館だけであれば、建物の維持管理費はほとんどいらない。その分を図書費にまわしてもらえるだろう。

五、重点的な経営をする。どんな施策でもそうだが、最初から理想的な図書館を実現することは不可能である。まず最も基本的な、将来の発展の基礎固めとなりうるサービスに、すべての力を集中しなければならない。与えられた予算や人員を一点に投入し、そこからサービスを拡大して、予算や人員の拡大につないでゆく。その繰り返しによって、点を面にひろげ、さらに面を立ちあがらせて一個の強固な立体にしてゆく。これ以外に、あるべき図書館を作る方法はない。移動図書館はその一点である。

市の幹部職員から「図書館は作らないことになった」と聞いた日の夜に、これらすべてのことを考えたのではない。すでに有山は『市立図書館　その機能とあり方』という小冊子を書いており、私も相談にあずかって多少の手伝いをしていた。主として『中小レポート』の考えを踏襲していたが、次の二点はそれを超えていた。

一、市民の自立　市民が自分の問題や願望を自分の手で解決するという自主性、生涯を通じて知識や教養を広め、高めていこうとする継続的自己教育性、これらは近代社会人としての基礎的要件であり、これを開発していくことは近代社会を創造することであり、市立図書館の重要な使命である。

二、分館網　市立図書館とは、唯一つ中心部にある建物を言うのではなくて、中央図書館を含めて数多くの小地域図書館施設群を組織づけたもの、つまり「図書館組織網」のことを言うのである。

二はイギリスの図書館に学んだものだが、一は有山の哲学と言ってもいい。重点経営についても、有山は傾斜経営という言葉でその必要を説いていた。私も、図書館は戸板一枚と本があればできると思っていた。人のこない場所に大伽藍《だいがらん》を建て、学生の勉強部屋になるよりは、駅前に戸板を置いて本を並べ、道ゆく人に貸すほうがはるかに世の中のためになるし、本当の図書館だと言える。

だから、基本的な考え方は日野に来る前からできあがっていた。それを日野の現実にあてはめると移動図書館一台ということになるのだった。戸板をスマートにして動けるようにしたのが移動図書館である。ひと晩考えたというより、ひと晩迷って決心したというほうが正しい。迷ったのは、移動図書館によるサービスは、当時、非常な冒険だったからである。その前年に行なわれた移動図書館研究集会でのことだった。発表者の報告はどれも活潑なサービスと利用を裏づけるものばかりだったが、夕食後、風呂に入っていると発表者の一人が近づき、苦しそうに打ち明けた、

「私が発表したのは、水増ししたウソの報告です。利用はほとんどありません。館長は知らないのですが、課長がそう言えというので言いましたが、あなたにだけ本当のことを言います」

その後の準備の段階でも、いくつかの移動図書館を見学したが、やはり利用は少なかった。ある大都市の図書館の係長は、移動図書館はよしたほうがいいと、心をこめて忠告してくれた。図書館全体の利用がじりじりと減っているころだったが、なかでも移動図書館の利用の減り方は大きく、少々の水増しぐらいで現実をおおい隠せるものではなかった。

戸板一枚だって立派な図書館だと思ってはいても、移動図書館一台だけでもやってゆけるという十分な自信があったわけではない。市民の求めに合った新鮮な本を、簡単な手続きで

誰にでも貸し出せば、かならず利用してくれるはずだと自分に言いきかせながら、有山の家に行った。

私の話を聞いた有山も心配を隠さず、ほかの方法をあれかこれかと考えてみたが、結局は移動図書館一台という結論にたどりつくのだった。二人とも黙ってしまったが、しばらくして、どちらからともなく、落ち着くべきところに落ち着いたというさばさばした気持になって顔を見合せたとき、日野市立図書館の方針はきまった。

見えない芽

市の関係部課長に、移動図書館だけで図書館を始めたいと申し出ると、誰も異論なく認めてくれた。

いよいよ準備を始めたが、最初にしたのは条例案のさしかえだった。三月議会に提案されて継続審議となっていた条例案は、「東京都立日比谷図書館設置条例」の「東京都立日比谷」を「日野市立」に入れかえた、「日野市に図書館を設置する」という条文だけのものだった。それを内容のある案に作りかえた。

図書館は中央館と分館によって構成される。図書の年間増加冊数、職員数などは、図書館法にいう最低基準を下まわってはならない。館長は経験のある専門職でなければならない。これが私の作った条例案の骨子だった。最初の案とさしかえることが了解され、六月議会で審議された。

総務委員会と文教委員会の合同審議は難航した。建物のない図書館を設置するとはどういうことかが論議の焦点だった。私は、移動図書館から出発しても、本があって専門職員が働き、図書館サービスを行なう組織があれば立派な図書館なのだと力説したが、なかなか分ってもらえなかった。そんな図書館はそれまでになかったし、館といえば建物だと思うのが常識だから、分らないのがむしろ当然で、ある議員が、「これは実態のない精神条例だ」と言ったとき、実に含みのあるうまい表現だと思ったものである。

議会での説明答弁は初めてだった私が、議員諸氏を十分に説得したとはとても言えない。条例案が審議を通過したのは、あんなに熱心に説明するのだから通してやれというお情けと、総務委員長の厚意あるはからいのおかげだった。総務委員長は有山の人柄に親近感をもっている人だったのである。

条例案と併行して、予算案も作らねばならなかった。日本の公共図書館にとっての諸悪の根源は図書費の少なさにあると思っていた私は、『中小レポート』に示された基準にそって図書費を五〇〇万円とし、他の経費を極力圧縮した案を作って、財政課の事情聴取にのぞんだ。そんな図書費をもった市立図書館は政令指定都市以外にはほとんどなく、二〇〇万円でも多いと思われていた時代である。

ひととおり説明をおえると、一人が聞いた、

「図書費はたった五〇〇万でいいんですか」

私は耳を疑ったが、この人はよほど太っ腹なのか、他市の情況を知らないかなのだろうと思って、さらに質問に答えていった。そのうちにはっと気づいた。この人は、図書館は一度本を買えばもう未来永劫《えいごう》買わなくてもいいと思っているのだ。

「この図書費は毎年必要なのです」

私が言ったとたん、全員が黙りこんでしまった。こんな男に何を聞いても仕方がないという雰囲気になり、その後は何を言っても冷たい視線にであうだけで、言えば言うほど壁が固くなっていった。その場をどうやって引き下がったのか憶えていない。

数日後、財政課長が私の席にやって来て、図書費を含め全体を約五〇〇〇万円に査定したから、それに合せて予算を組み直してほしいと言った。図書費がほしいばっかりに、他の経費はぎりぎりに圧縮しているので、その部分をさらに減らすことはできない。だから、全部で五〇〇〇万円ということになると、図書費が半分以下になってしまう。私は、この予算は図書

費は多いが全体としては決して大きなものでないことを力説した。すると、隣の席の社会教育課長も加わり、両側からはさむような形で私を説得しはじめた。しかし、移動図書館一台で始めると決って、これで少ない予算ですむと思っていた人たちと、何とか図書費を確保するために、他の部分を捨てたと思っている私との討論は、平行線をたどるだけだった。この図書費がなければ、私の計画は根本からくずれてしまう。どうしてもほしい。私はとうとう言ってしまった、

「この図書費をいただけないのなら、私が日野にいる意味はありません。市長に直接、最後のお願いをしたい」

二人は根まけして、まあ市長には自分たちが話しに行くから、ちょっと待ってくれということになった。半時間もたっただろうか。案外短い時間だったような気もする。財政課長がプレハブ庁舎の戸をあけ、跳びはねるような歩き方で帰ってきた。市長は一円もけずらず、私の案をそのまま認めてくれたという。嬉しさは言葉にならず、一種の虚脱感とともに、職を賭《と》した気持をそのままに表わすような言い方は二度とすまいと思った。ちょうどそのとき、京王帝都電鉄から市に五〇〇〇万円の寄付があり、それを図書費にあてたとのことだったが、古谷市長のこの決断が、日野市立図書館の将来を決定した。

条例と予算は六月定例市議会で可決され、具体的な準備にはいった。

職員は十人ほしいと職員課に要求したが、六人しか認められなかった。専門職員は、私と副館長の鈴木喜久一、新卒の女性だった。鈴木は茨城県の村立図書館長をしていたが、有山の紹介で来てもらった。それまでは一人だったので、すべての交渉の場で私の発言が最終的な意思表示になり、しまったと思っても訂正できなかったが、副館長を得たので、私の負担は軽くなった。専門職以外の職員は、市役所からの異動二人、新採用一人で、そのとき私は三十四歳、他の人はみんな私より若かった。

事務所として与えられたのは、市民集会所兼小学校体育館の控室の一つで、三〇平方メートルくらいの小部屋だった。電話はなく、集会所管理人室に借りに行くと、露骨にいやな顔をされた。湯沸しもなく、市役所の用務員室までヤカンを下げてお茶をもらいに行く毎日だった。

その事務所に最初に訪ねてきたのは、八王子市の書店主だった。日野の教育委員会の注文する本はすべてうちが納入してきた、図書館も当然うちから買うでしょうねという態度だった。

「申し訳ありませんけど、私は日野の書店から買うつもりです」

「え。日野に本屋らしい本屋がありますか。まあ、できるかどうかやってみてください」

書店主が捨てぜりふを残して帰ったあと、私はすぐ市内の書店三軒に電話をかけ、主人に来てもらった。八王子の書店主の言うとおり、日野には本と文房具を半々に並べている小さな店しかなかった。

三人の書店主が来ると、私は、これからは三軒の店から本を買いたい、本は定価で買うが、カードをつけたり貸出しのための用品を貼ったりするサービスをしてほしい、三軒を平等にあつかうから、競争は納入の早さでしてほしい、つまり、注文中の本の冊数を三軒とも同じにするから、早く納入するほど注文が増えることになる、だから、職員のご機嫌をとる必要は全くない、職員が店に行ってもお茶もださないでほしい、これだけのことを言って、協力してほしいと頼んだ。三人は喜んだが、そのようなサービスができるかどうか三人で相談したいので、返事を待ってほしいと言って帰って行った。翌日、また三人そろってやって来た。

「ぜひやらせてください。取次店もバックアップすると言ってくれました」

職員たちの最初の仕事は、本を分類し目録を作ることだ。本の整理が図書館の中心的な仕事であり、それも必要以上に精緻であることをよしとする風潮が古くからあって、重箱のすみをほじくるような作業が行なわれていたが、日野の図書館が発足するころには、そういうやり方に対する反省がおこり、高知市立図書館などは思いきった簡略化が試みられていた。しかし、改革には行きすぎがつきもので、中小図書館には目録はいらないという進んだ専門家も現われていた。このような専門家が国立国会図書館の職員にいたのは、机上の観念論か、日常やらされている仕事への反動だったのだろう。

私は目録の種類などは減らさず、そのほかにも、しなければならないことは人手がかかっても完全にすることにした。たとえば、本のジャケットを透明なカバーでくるんで表紙に貼りつける作業である。いわゆる図書館学では、ジャケットを付けたままだと湿気を呼んで本が痛むと教えていたが、それを取ると全く魅力のない表紙が現われるし、その表紙がまた利用者の手垢ですぐに汚れてしまう。イギリスではカバー用フィルムを売っていて、多くの図書館が使っていた。日野でもそうしたいと思ったが、イギリスで見たようなフィルムは日本にないので、農業用ビニールシートを買い、切って使うことにした。透明、半透明、厚さもいろいろなものを試してみて適当なシートに決め、ビニール糊で貼りつけた。

六人の職員で整理作業をこなすには、相当激しい労働をしなければならなかった。分類や目録作業からビニールカバー貼りまで、全員がどんな仕事でもした。カバー貼りなど誰にでもできるように見えるが、心をこめて貼るのと、ただ機械的に貼るのとでは出来が違うし、心をこめて貼ると、一冊一冊の本に「よく読んでもらいな」と語りかけるような気持になってくる。私たちは毎日毎日残業が当り前になっていたが、誰も不平を言わなかった。新しい図書館を作るのだという意気ごみが、図書館のことを全く知らない職員をまで巻きこんで、苦労をもすすんでかってでるような雰囲気が作られていった。

しばらくすると、管理人の態度が変ってきた。電話を借りにいってもいやな顔をしなくなり、「忙しくて大変だね」と話しかけてくるようになった。五十歳をすぎてやっと係長級になったこの人の話は、かならずしも正しいことばかりではなかったが、裏から見た役所の実態がなまなましく分り、新参者の私には参考になった。

私たちが小さい事務所で働いていたころは、ほとんど誰ものぞきに来なかった。ただ一人、安西という古参の市会議員がきて、

「図書館は有山さんが命をかけてやってきた仕事だ。それを君たちが日野に作るのだから、しっかりやりなさい」

と励ましてくれた。毎日、市役所にお茶をもらいに行っていると、ある用務員さんが、ヤカンだとすぐ冷めるからと言ってポットを持ってきてくれた。誰にも相手にされなかったときにかけられた情けは、小さなことでも忘れられない。

図書館を始めるためには、利用のための規則と、図書館内部の組織や権限を定める規則を作らなければならない。そのころの公共図書館の利用規則は、「めいてい者の入館を禁止する」とか、「利用者は……しなければならない」という条文が多く、取締り的な色彩が強かった。浪江虔《なみえけん》の所論に教えられ、私たちは住民の権利と義務を規定する規則の案を作った。「利用者は……することができる」という表現が多くなった。図書館内部の組織などをきめ

る「処務規則」では、館長の権限、特に資料の選択、購入、除籍についての権限をはっきりさせることに重点をおいた。これらの権限が図書館にないために、ハンコの数ばかり多い無用の文書が増え、その結果、本が図書館の書棚に並ぶのが発行後何カ月もたってからになり、利用者が読みたいときには本がなく、並んだときには時期おくれになっているという例を数多く見ていたからである。

この規則案には、教育委員会の事務局内部から強い反対が出た。理論的な問題よりも、事務局がすべての権限を持ちたいという感情の問題だったので、いくら話し合っても決着がつかなかった。移動図書館の車体には「日野市立図書館」ではなく「日野市教育委員会」と書くべきだと、規則に関係のないことまで言われた。こういう論議は何か新しいことを始めるときには必ずあるもので、日野だけのことではないだろうが、私の神経には相当こたえた。結局、教育長の裁断で、一応この案を教育委員会の会議にかけて、事務局内部の対立意見をそれぞれに述べ、委員の判断をあおごうということになった。

これは非常に珍しいことで、普通は事務局のまとめた案を教育委員会でスムーズに通そうとするものであり、それが職員の腕なのである。教育長の永野林弘《りんこう》は鹿児島県の教育長もした人で、人物が大きく、小さなことにはこだわらなかった。また、いったん人を信頼すると、とことん信頼し、たいていのことは任せてくれた。永野教育長は最初から私を信頼してくれ、図書館についてはほとんど何も言わなかった。規則案が上程された教育委員会では、論争が再現されたが、二人の委員が強く私を支持してくれ、他の人は特に意見を言わず、結局可決された。

そのころ、東京都議会はいわゆる黒い霧事件で大揺れに揺れていたが、それに連動して日野市でも政治的な急転回が進行していた。市立図書館の条例や予算が審議された六月市議会のさなか、東京都議会はリコールをまたずにみずから解散して、南多摩選出の古谷栄議員が黒い霧とは全く関係がなかったのに引退することとなり、つづいて行なわれた都議選に日野市長古谷太郎が立候補して当選したのである。

そして、保守系市民のあいだから、後任の市長として有山を推す動きが出てきた。それは有山の出自、経歴、人柄からいって不思議ではないことだったが、あまりにも急な話なので、有山は最初、相当迷っていた。それまでの二十年間、心血を注いで育ててきた日本図書館協会の将来。大きな変革を目指して準備を進めてきた図書館界の未来。どれもこれも、市長に出馬するには重い足かせであった。一方、有山には、祖父、厳父と町長をつとめた家の長男としての、一種の義務感があった。現代の地方政治にこのような家の問題が生きているのは、古いと言えば確かに古いことである。だが、有山はそういう点では古い人間だった。とうとう立候補して当選し、市長になったのは八月のことである。

私たちの事務所のある集会所が開票所にあてられた。結果がだいたい判明したころ、管理人室に電話をかけにいくと、新聞記者が使っていた。

「有山当選。うん、人柄はよさそうだが、前市長の影武者だろう」

有山の人柄を知る私には、何とも不安な予感のする世評に思えた。

しかし、有山が市長になったからといって、私たちの仕事が急に変ることはなかった。最初に反応があったのは図書館界だった。有山はしばらく図書館協会の事務局長を兼ねるつもりだったが、それは無理なことで、有山の図書館界での立場は弱くなっていった。『中小レポート』の委員長であった清水正三のように、有山の家を訪れて事務局長をやめるよう率直に忠告する人もいたが、それまで世話になっていながら公開の場で有山をたたく者も現われた。

有山は確かに過ちをおかした。しかし、それは図書館を、日本図書館協会を愛するあまりの過ちではなかったか。私は『論語』の一節を思い出す。

子曰《い》わく、人の過ちや、各おの其の党《たぐい》に於いてす。過ちを観て、斯《ここ》に仁を知る。

君子は人情に厚いためにあやまちをおかし、小人は人情に薄いためにあやまちをおかす。君子は愛のためにあやまちをおかし、小人は残忍のためにあやまちをおかす。だからその人の過失の種類を見れば、その道徳の程度なり方向がわかる（吉川幸次郎『論語』、

朝日新聞社）

昭和四十一年三月、有山は図書館協会の事務局長を辞任する。後事を託するにたる人物、長野県立図書館長だった叶沢《かのうざわ》清介をえたからである。

日野市立図書館が発足するためには、いくつかの処理しなければならない問題があった。その一つは、東京都立八王子図書館がしていた移動図書館サービスを日野ではやめてもらうことだった。都立の移動図書館は、前にも書いたように、駐車場主任というボランティアの家に数十冊の本を置き、市民はそこへ借りに行くという方式だったが、実際に本が借りられているようには見えなかった。私たちがサービスを始めてしばらくたったころ、市議会で質問があった、

「都立の移動図書館は何十冊でも貸してくれるのに、市立のは一人四冊しか貸さない。少なすぎるのではないか」

その議員の息子は駐車場主任だったが、誰も借りにこないので、議員は息子一人で何十冊もの本を借りていると思っていたのである。

一度に貸し出す冊数は、当時は一冊だけの館が多く、二冊というのはまれだった。日野では四冊まで貸すというニュースは、他の館に一種の衝撃となって伝わった。一冊から四冊と

いうのは単なる数字の差ではなく、貸してやる館から借りてもらう館への飛躍、本が少ないから貸せない館から、貸せるだけの本を用意できる館への転換であった。だから、そのころは、貸出冊数を一冊から二冊にするにも、相当の抵抗を覚悟しなければならなかった。

八王子図書館の館長に会いに行くのは気が重かった。おそらく、簡単には撤収してくれないだろうと思い、論争を覚悟して出かけて行った。そして、一つの市で都立と市立の移動図書館が入り乱れ、似て非たる仕事をする愚だけは避けたい、ぜひ撤収してくださいと頼んだ。館長は私の言うことを案外あっさりと理解して、巡回はすぐにやめると言ってくれ、その巡回場所を私たちが引きつぐことになった。しかし、問題がすべてなくなったのではないことは、その後すぐ分ることになる。

移動図書館の巡回場所をどこにするか、それによって利用の多い少ないがある程度きまってしまう。巡回場所は、図書館が利用の見込めそうな場所にきめるのが普通だが、私は市民が来てほしいという所だけに行くことにした。市民が求めるのならどこへでも行くが、求めない所に行く必要はない。私にはまだどこに図書館利用の基盤があるか分らないのである。市の広報紙に移動図書館発足の予告とサービス・ポイント募集の記事をのせ、応募の場所を整理して、近い所は一つにまとめてもらい、三十七個所を最初のサービス・ポイントにした。

ある日、多摩平団地の自治会の役員が訪ねてきて、駐車場主任名簿をさし出し、これでやってくださいと言ったが、これからの移動図書館には駐車場主任はいらないことを説明して帰ってもらった。その二、三日後には、同じ団地のある団体の役員だという人がきて、駐車場主任は自治会の推薦を受けた人ではなく、わが団体のメンバーがなるべきだと言って、これまた名簿を渡そうとした。その人にも自治会の役員に言ったのと同じことを言って引き取ってもらったが、その人は自治会の悪口をさんざん並べたてて、あの連中には近づくなと忠告してくれた。

ある日、教育長が言った、

「私の郷里の鹿児島県では親子二十分読書運動をやっているが、あれを日野でもやってみたらどうかね」

それは、毎日二十分ずつ、親の前で子供に本を読ませるというもので、当時は相当高く評価されていた。私は主唱者の椋鳩十を日本で最もすぐれた県立図書館長の一人だと思っていたし、教えを受けたことも多かったが、この運動にはついてゆけないと感じていた。自分の子供に目の前で音読させることを想像しただけでも、どうにも我慢ができなくなってしまうからだ。それに、家庭で親と子がどう向きあうかは、他人が口をさしはさむことではなく、子供がどんな本をどう読むかは、子供自身がつかんでゆくべきで、運動として強制する性質のものではないと、今でも思っている。

「あの運動を日野でやっても、あまり効果はないと思います」

「そうかなあ。やはり田舎じゃないと駄目かね」

教育長はあっさりと引き下がった。私の考えを十分に話して理解してもらったわけでもないのに、無理はしないほうがいいと直感的に覚ってくれたようだった。

移動図書館の車は、できるだけ多くの本が積めるように設計してもらい、何度か改装工場へ行って、相談しながら造っていった。外側に大人向けの本、なかに子供向けの本が積めるようにした。移動図書館が来たことが分るように、テーマ音楽を流すテープレコーダーを積みこむことにした。現在のように便利なカセットもエンドレステープもないころだったから、大きなリールが回る機械と、それを動かすための交直電流変換機（インヴァーター）が必要だった。テーマ音楽は、職員の尚《たかし》が日比谷図書館のレコードライブラリーから採録してきた十曲ばかりの中から、「ぼくの伯父さん」を選んだ。明るく軽快で分りやすく、しかもそれほどポピュラーでないところがよかった。その曲はそれ以後、毎日鳴りつづけ、日野市立図書館のテーマ曲というより、私たちを元気づける仕事のうたになった。

移動図書館車は愛称があったほうがよかろうということで、社会教育委員会にはかった。図書館の熱心な支持者だった婦人会長が言った、

「毎日、日野を回るのだから、ひまわり号はどうかしら」

花の名でもあるそれにきまった。

移動図書館車の納入が近づくと、車庫もない集会所の事務所は仕事ができないことがはっきりしてきたし、本も小さな部屋には入りきれなくなっていた。市役所からは離れているが、七生《なな　お》支所が建物に余裕があり車庫もあることに気がつき、そこに移れないだろうかと庶務課長に交渉した。課長が支所長さえよければと言ったので、すぐに頼んでみた。優しい女性の支所長は、不安そうではあったが、いいでしょうと言ってくれた。私たちはさっそく引っこすことにした。

八月の末に移動図書館車が納入された。マイクロバスを改造した、青と薄緑にぬりわけられた車が、私にはどんな大建築にも劣らないものに見え、この車で本当の図書館サービスを始めるのだと思うと、なんだかいとおしくなり、馬の首や背をなでるように、車のあちこちをさわらないではおれなかった。

九月十三日、開館式に相当する命名式を行なった。出席したのは、市長、社会教育委員、市民、それに私たち館員、全部で二十人くらいであった。新市長の有山は、この小さな車がどんな図書館よりも市民に親しまれることを期待すると挨拶した。来賓として出席してくれた清水正三は、日野市立図書館の働きは、かならず日本の公共図書館を変えるだろうと断言した。期待をかけ、はげましてくれる人、ことがらがよくのみこめない人、そして責任の重さに身をひきしめる私たち職員、三者三様の思いのまま、小さな式は終った。

「ひまわり号」出発

わきでる利用者

九月二十一日、いよいよサービス開始の日である。スタートを前に五人の職員と打合せをした。全職員が交替で車に乗ること、毎朝その日の仕事について簡単な打合せをすることをきめ、私は職員に次の二つの点を守るよう注意した。

「利用者に本を貸し出すとき、返される本を受け取るとき、かならず『どうぞ』『ありがとう』『ご苦労さま』など、何かひとこと言うこと。黙って貸し出したり、受け取ったりしてはいけない。

仕事をしているとき、利用者が何に困っているか、私たちに何をしてほしがっているかに気をつけること。気がついたことがあれば、朝の打合せのときにみんなに言って、どうすればいいかを全員で考えよう」

まず、高幡不動尊で車の安全祈願をした。車のというより、図書館そのものの安全祈願であったような気がする。

最初のサービス・ポイントは、浅川ぞいの若宮町にある五十戸ばかりの市営住宅団地だった。高幡不動から橋を渡ってすぐに右折し、細い道をたどると団地に入る。静かな町内をスピーカーで呼びかけながら一巡する。

「みなさん、こちらは移動図書館ひまわり号です。簡単な手続きで、その場で本が借りられます。利用はすべて無料です」

何度も繰り返しながら団地をまわり、公園内の駐車地点にきて店開きをする。扉をあけて受付の用意をし、ぴかぴかの新刊書がよく見えるようにして利用者を待つ。五分たち十分たっても誰も出てこない。この町内にはまるで人がいないかのようである。

「もう一回まわろうか」

扉をしめ、また団地内をひとまわりする。

「こちらは移動図書館ひまわり号です。誰でも簡単な手続きで……。子供の本も小説もあります」

もう一度店開きして待ったが、とうとう誰も来なかった。何もすることのない一時間は長い。何となく本を入れかえてみたり、気をひきたてるような話をそれとなくしてみたりして時間をつぶす。暗い予感をふりはらうようにして次の駐車地に向う。途中の自動車運転練習場のすみに、ポンコツの廃車が置いてあるのまでが気になってくる。

二つめのサービス・ポイント、堀之内に着く。ここは純農村地域で、ほとんど利用はないと思っていたが、十人近くの人が借りてくれ、救われたような気分になる。農業に役立つ本を求める人と娯楽のための本を求める人に分れるが、ともに熱心に話しかけてくれ、図書館ができたことを喜んでくれた。これならどうにかやれるかもしれないと希望がわいてくる。

最も心配したのは多摩平団地だった。私たちがサービスを始める少し前に、ある図書館関係の雑誌に移動図書館についての座談会記事がのり、都立八王子図書館の係長が、「団地は駄目だ。一人一人がばらばらで協力する気風がないから、移動図書館の不毛地帯だ」と発言しているのを読んでいたからである。都立のやり方とは違うのだから利用されるはずだと思いながらも、不安は大きかった。ところが移動図書館が団地のなかにはいると、どの駐車地でも人々が待ちかまえていた。子供たちは車の中にはいりきれず、行列して待っているありさまだった。

財布をにぎりしめた男の子がやって来た。

「おじさん、この本、いくらで借りれるの」

「タダだよ。何もいらないよ」

男の子はちょっととまどい、半信半疑の顔をしてすぐには本を手にとろうとしない。

「本当にタダだから、心配しなくてもいいよ。ここにハンコをおしてある日にまた来て、返してくれればいいんだから」

男の子はやっと安心して、車の中にはいっていった。

さきにも触れたように、都立高校の入学試験に図書の分類法を問う問題が出て、それを喜ぶ図書館員もいたが、私は、学校ではそんなどうでもいいことよりも、図書館がタダで使えることを教えてほしいと思った。タダだと分れば、その経費はどこからでて誰がはらうのかが当然疑問になるはずで、それを教えることによって、税金や地方自治にまで知識を広げ、図書館が市民のものであることを理解させられるはずではないか。

多摩平団地での利用の多さに元気づけられ、これなら何とかやれそうだと思えてきた。初めてなので利用者も私たちもなれておらず、いちいち説明しなければならなかったのに、ほとんど疲れを感じずに事務所にかえり、そのまま本の整理に精をだした。

ある日、戸数二十戸ばかりの都営住宅団地に行ったときのことである。車をとめて店開きすると、子供たちが五、六人集まってきた。すると都立の移動図書館の駐車場主任だった人がやって来て、子供たちを追いはらった。

「車に近寄ってはいかん。本は私が借りてみんなに貸してやるから、ここで借りちゃだめだ」

私は、市立のやり方は市民に直接本を貸すのだから、そんなことを言ってもらっては困ると抗議した。しかし、その人は、今までどおりやるのだと頑張って、私の言うことを聞いてくれない。二人が言いあらそっているあいだに、子供たちはどこかへ行ってしまった。しょうがないので、その人の家に数十冊の本を置いて引きあげた。どう考えてみても、置いてきた本が利用されるとは思えない。次の巡回からは、その団地の中へはいらず、近くの空地に車をとめることにした。

二週間後に二回目の巡回に出発した。今度もまず、前回一人の利用者もなかった若宮町に行く。スピーカーで呼びかけ、駐車して扉を開いていると、主婦が二、三人、遠くからこちらを見ているのに気づいた。あの人たちを何としてでも車に引き寄せなければならない。

「移動図書館の利用は無料です。誰でも簡単な手続きで、その場ですぐに本が借りられます」

懸命に呼びかけていると、励ましあうようにしながら近づいてきて、おずおずと言った、

「ハンコはいらないのですか」

「何もいりません。このカードに住所と名前を書いていただくだけです。貸出券を四枚さしあげますから、これからはこの券とひきかえに、四冊まで二週間お貸しします。どうぞ見てください。中には子供の本もあります。読みたい本がなかったらリクエストしてください。この次のときに持ってきます」

本を手にとって見てくれれば、お互いに気が楽になり、雑談もできるようになる。

「ここは静かでいいですね。今度は近所の人をさそってきてください」

主婦たちが手続きの終った本をかかえて帰ってゆくと、嬉しさを隠しきれなくなった職員が、しきりに照れていた。

他の町でも若宮町と同じように、三人が十人になり、十人が十五人になった。車のまわりに十人の人がいると、「いったい何をしているんだろう」と通りすがりの人も好奇心からのぞいてくれる。こうして四度目、五度目には爆発的に人がふえ、一時間の駐車時間は、ただカードを抜いたり入れたりするだけで、あっという間にすぎてしまい、場所によっては一時間では足りなくなってきた。

特に多摩平団地では長い行列ができた。車をとりかこんだ人々の後ろから、背のびして本を探す人たちの輪ができ、せっかく来てくれたのに、あきらめて帰る人まであらわれた。こうなると私たちもただ貸出手続きを機械のように繰り返すだけで、それでも行列はなかなか縮まらなかった。

私は有山に電話をした、

「利用者はどんどん増えています。多摩平でも堀之内でも、着く前から待ってくれています」

「ううん、そうか。ある人からお礼の電話をもらったんで、そうじゃないかとは思っていたんだが……。よかった」

「みんな張りきっています」

「大変だろうが、この際、とことんやってくれ。うわついて上っすべりにならないようにな。困ることはないか」

「大丈夫です。本が足りなくなりそうですが、今年度は何とかもっと思います」

清水、石井、森といった、『中小レポート』をいっしょに作り、日野の実験に注目し心配してくれている人たちにも電話した。彼らには、これという用事のないときにも電話をかけた。不安なとき、腹のたつとき、気がめいるとき、彼らと話をすると元気がでて落ちつき、やる気が回復するのだった。さぞ迷惑だったことだろう。

ある日、多摩平団地のステーションに数人の主婦が来て、「とても忙しそうだから、お手伝いしましょうか」と申し出られたので、喜んでお願いした。ところが、仕事を終えて事務所に帰ってきたとたん、その団地に住む人から電話がかかった。

「なんで団地の人に手伝わせるのですか。近所の人から借りるのはいやなんです。何を読んでるのか知られるのなら借りたくないんです。みんないやがっていますからやめてください」

その抗議を聞きながら、私は自分を恥じた。私も何を読んでいるかを人に見られるのは好きでない。都立図書館からひきついだ所以外に駐車場主任を置かなかったのも、図書館と利用者のあいだに第三者を介在させないためだった。それなのに、忙しさに負けて主婦たちに手伝ってもらい、利用者にいやな思いをさせてしまった。主婦たちはもちろん善意から手伝ってくれたのだが、善意なら何をしてもらってもいいというものではない。私は約束した、

「この次からは、もう手伝ってもらわないようにします」

次の巡回日、このまえ手伝ってくれた人たちは、車が来るのを待っていてくれた。言いにくいことを言わねばならない。

「これからは私たちがやりますので、お気持はありがたいのですが、もう、その……」

「えっ、どうして。私たちはやりたいのよ。遠慮しなくていいわよ」

「いや、もうお気持だけで十分です。私たちがやるべきことですから……」

はっきりした理由もあげずに断わるのはつらかったが、何とかひきとってもらった。あからさまに不愉快な顔をされたが、仕方がなかった。

図書館は、住民の読書に関するプライバシーを厳しく守らなければならない。当時の図書館はこの点についての意識が十分になく、何か事件がおきたときには問題になったが、日常業務のなかではルーズな館が多かった。だから、グループにしか貸し出さない移動図書館があり、駐車場主任がいたのだ。ある館では、利用者の借りた本を記録して読書指導の参考にしようとした。また、貸出方式によっては、どの本を誰が読んだかが、本にはさんであるカ

ードを見れば誰にでも分るようになっていた。言うまでもなく、そういう無神経さが利用にブレーキをかけていたのだ。日野ではその反省の上にたった仕事をしようとしていながら、つい第三者に手伝ってもらい、利用者から厳しく指摘された。それ以後、私は利用者のプライバシーを守ることにいっそう神経を使うようになった。

半年もすると、私たちには自信がついてきた。図書館の利用者はいたのだ。私たちの方法も間違ってはいなかった。イギリスで学んだことを、そのままではなかったが日本に適用して、成功することが分ったのだ。

日本の公共図書館では、利用が少ないのは市民が本を読まないからだと思い、市民に本を読む習慣をつけさせるために読書運動をするか、一般の人々の利用をあきらめて一部の人だけにサービスしていた。利用の少なさを市民のせいにしていたのだ。日野では、図書館がよくなれば利用が生れることが、誰の目にもはっきりしてきた。図書館が変れば市民も変る。

貸出方法もイギリスで一般的に行なわれているブラウン式をとりいれたが、利用者の多いサービス・ポイントでは、返される本のカードを一冊一冊探さなければならないので、とても処理しきれなくなり、利用者一人一人のカードをゴムバンドでくくることにした。ブラウン式はそれまでのどの方式よりも簡便だったのに、それでもどうにもならなくなってきたのである。

しかし、この方式にはとてもいいところがある。本が返されるとき、返す人の名前を聞かなければならないので、面倒ではあるが、利用者の名前を覚えることができるのである。そして、

「〇〇ちゃん、どうぞ」

「〇〇さん、予約の本がきていますよ」

と名前を呼ぶことで、お互いに知りあい親近感がもてるようになった。

昭和四十年度の日本の市町村立図書館の貸出冊数は八五七万冊で、急増したように見えるが、それはそれまで統計に入れていなかった移動図書館の貸出冊数を加えたためであって、実際は前年と同じか、あるいは下まわっていたかもしれない。その年、日野では半年間に六万五千冊を貸し出し、特に児童書がその五三パーセントを占めたのは、当時の日本では珍しいことだった。そして、これらの数字をどう評価するかによって、その人の図書館観、市民への姿勢が分った。

「おれが市長であるために……」

有山が市長になってからは、私は重要なことは相談にいったが、図書館のことで悩ますことはなるべく避けようと思って、実務上の問題は一切相談しなかった。有山もまた、私に指示めいたことは全く言わなかった。もともと有山は、信頼する者にはすべてを任せるタイプの指導者だったから、私だけにそうだったわけではないだろう。予算や人員についても直接には話しに行かず、下から積みあげる普通の方法をとった。市役所の幹部には有山と私の関係が知れわたっていたので、私はこの点に特に気をつけて、ただの図書館長に徹しようとした。

館長の諮問機関として図書館協議会を作るべきかどうかについては、有山に相談した。もちろん市民の意見を聞くための機関があることはいいことだが、他市では従来、青年団長や婦人会長、学校長というような人たちが肩書だけで委員になり、形式的で無力な会である場合が多いから、日野では、なるべく図書館が好きで自分の意見をもっている人を選ぼうということになった。

私はそのころまだ日野にはどんな人がいるかよく分っていなかったので、委員は有山の意

見で選んだ。委員長には前都議会議員の古谷栄になってもらおうということで頼みにいった。大変な読書家でもある古谷は言った、

「私個人で図書館を作ろうかと思っていたくらいだから、喜んでなるよ」

図書館協議会の設置条例は十月の市議会で可決された。古谷に委員長になってもらったことが、有山の遺産になろうとは、そのときには夢にも思っていなかった。

その年の暮れだったと思う。ある日突然、財政課の職員に電話でどなられた、

「もう図書館の予算の事情聴取はしません。市長と直接やってください」

どういうことか、狐につままれたようで、何も言えないうちに電話は切れた。推測するに、彼は図書館の予算のことで、市長から指示されるか叱られるかして、私が直訴したにちがいないと勘ぐったのだろう。しかし私は、有山にたずねてみはしなかった。市長と直結することを恐れたのと、こんな小さなことで有山を悩ませたくなかったからである。

昭和四十一年、「月刊社会教育」八月号の無署名のコラム欄に次のような文章が載った。

初当選したある市長さん。図書館関係出身というので大いに期待されたが、これがかえってわざわいした。

市長は、社会教育と社会福祉は同じ性格のものだ、といって両課の交流、併合をはかっている。新築公民館が市議会議事堂に丁度よいと議会事務局を移動しようとした。こ

れははからずも議員諸公から反対された。市役所から歩いて五分かかるというのが理由である。市役所乗込みと同時につれてきた図書館長が読書会マニヤなのはよいが、市長部局と直結して仕事をすすめる。社教とは関係ない。

市長自身はますます、地域の社教活動をさかんにして、文化都市を建設する信念をかためている。教育活動と社会事業の区別もない。〝社教関係市長〟の偏った信念をどうほぐすか、社教職員は青年学級、婦人学級といった定食料理だけ提供して、市長の鼻息待ちというところ。

生半可な通ぶりは、いつでもどこでも困まりものだ。(H)

ここまで事実をゆがめ、悪意に満ちた、下品な文章は珍しい。このコラムについても話しあったことがないので、有山が読んだかどうかは分らない。だが、私の心にはこだわりとなって残っていた。

翌年の夏、その雑誌の編集部から原稿を依頼されたとき、私は永井荷風の逸話を思い出しながら答えた、

「あのコラムは無署名だったから、責任は編集部にあると思います。誌上で謝罪してくれるのなら引き受けましょう」

森鷗外が亡くなったとき、「新潮」誌上に鷗外を悪罵する無署名の文章が掲載された。ま

もなく、新潮社から出版物に作品を入れさせてほしいと頼まれた荷風は、次のように書く。
然《しか》しわたくしは森先生が物故の際聞くに堪えざる毒言を放つた書肆《しょし》に、わたくしの著述を出版せしめることは徳義上許さるべき事ではないので、断然之《これ》を拒絶し、且《かつ》店員に向つては重ねて敝廬《へいろ》の門を叩くなと戒めて帰した。わたくしは新潮社に関係する文士と其《その》社から著述を公にしてゐる文士輩とは、誰彼の別なく彼《か》の新潮の記事を公平だと是認してゐる者と思つてゐるので、其等の輩とはたとへ席を同じくする折があつても言語は交へないつもりでゐる。宋儒の学説を奉ずるものは明学《みんがく》を入れる雅量はないであらう。わたくしは狷介固陋《けんかいころう》を以て残余の生涯を送ることを自ら快しとなしてゐる。(「にくまれぐち」、「荷風全集」第十六巻、岩波書店)
私は荷風のひそみにならって、断然拒絶すべきだった。そうはしないで条件などを出し、はっきりした約束もとりつけないままに原稿を送って、十一月号に載ってしまった。全く恥かしい。できることなら、あの文章はこの世からなくしてしまいたい。
「月刊社会教育」のコラムそのものは問題にするまでもないとしても、市民が選挙で選んだ市長のことを「市役所乗込み」などと書く感じ方が社会教育畑の一部にあり、私と有山のことを、図書館長が市長と直結していると推測するような感じ方が役所内にあることには、注意しなければならなかった。

有山は、図書館の権威者だということが日野ではよく知られていたので、当然図書館に力をいれるだろうと思われていた。事実、本当の意味では力をいれた。しかし、それが行きすぎと見られたら批判をまねくだろうし、図書館がそれに甘えたら、図書館ばかりでなく市長にも傷がつく。私が最も警戒したのはそのことで、有山にも十分それは分っていた。

有山は図書館には全く来なかった。わずかに一度、私たちが豊田団地という新興住宅地で移動図書館サービスをしているとき、たまたま車で通りかかり、運転手に停めさせて降りてきて、子供たちに話しかけ、私たちを励ましてくれた。そのときの嬉しさは忘れられない。紀田順一郎が『図書館活用百科』(新潮社、昭和五十六年刊)のなかで、副館長だった鈴木の言として、有山はしばしば移動図書館に同乗したと書いているのは、鈴木が夢をみたのか、紀田の聞き違いであろう。

有山と私の関係が知られるにつれて、私には非常に困ったり腹のたつことが起った。私はそういう仕打ちをされていることを職員に悟られないように努めたが、ときには職員の耳にはいることもあった。職員の斎藤は、職員組合の幹部の一人に言われた、

「図書館ができたから、おれたちの給料が上がらなくなった」

給料の決り方について、こんなお粗末な考えしか持っていない組合幹部がいることも問題だし、市の財政に占める図書館の経費の割合を考えてみれば、この言のナンセンスさはすぐ

分る。しかし、私にはその言葉が胸につきささった。

有山は当然図書館に力をいれるだろうが、それは有山の個人的な好みにすぎない――このようにしか図書館を見られない人が大勢いたし、特に市役所に多かった。図書館が為政者の好みや記念碑として作られることが多かった当時の日本では、そう思われても仕方のないことではあった。しかし、日野はそういう状況を突き破らねばならない。有山は、市民生活になくてはならないものとしての図書館をめざしていた。事実、市民の反応は、私たちの思いをそのまま受け止めてくれるものだった。だからこそ、その反応が日野全体のものになり、市役所をおおうまでは、図書館は出すぎたことをしてはいけない。有山がやりすぎていると思われてもならない。組合幹部の言葉は、理論や事実を言ったものではなく、役所にただよっている感情をもらしたものである。私は用心に用心を重ねて仕事をするようになった。

同じような反応は図書館界にもあった。昭和四十一年の四月、図書館協会の事務局長を長年つとめた有山をねぎらう会が上野で開かれた。その席上、著名な某県立図書館長が私に近づいてきて言った、

「君は偉いさんにくっついて、いい目におうちょるのう」

また、ある日の夕方、有山と仲のいい図書館界のリーダー、有山、私の三人が新橋のすし屋で会った。

「前川君は不幸だ。有山さんが市長だから苦労しなくてもすむ。これは前川君のためにならない」

その人はまじめに私のためを思って言ってくれたのだと信じているが、そのとき有山はぽつりと答えた、

「おれが市長であるために、前川君がどんな苦労をしているか、おれがいちばんよく知ってるよ」

私はこみ上げてくるものをやっとこらえた。

つらいこと、いやなことが次々とおこっても、有山が市長であることが私の心の支えであった。市長が社会における図書館の意味を分っている人であるのはもちろん心強いことだが、そのうえに、有山という一人の優れた人間が、会わなくても話さなくても私を見ていてくれるという安心感と、日野のために骨身をけずっている有山の志の一部を、自分も担っているのだという喜びが、弱い私を支えていた。

誰にでも、なんでも

秋もすぎて冬になると、屋外で仕事をする移動図書館は楽ではない。手がかじかんで、貸出カードの抜き差しも、両手をこすりながらの作業になった。雪が降ると、車がスリップして動かなくなり、電話で職員を呼んで、総がかりで後押しをしたこともしばしばだった。

そんなとき、魔法びんにコーヒーを入れて、「ご苦労さま。みなさんで飲んで」と持ってきてくれる人もあり、コーヒーよりも人の心の温かさで疲れがとれた。私たちはしだいに余裕ができて、人々と親しくなり、遠慮なく話ができるようになった。

「うちの子、マンガばっかり読んでるんだけど、ちゃんとした本で、面白そうなのない」

「主人に頼まれたんだけど、コンピュータの入門書のいいのがあったら持ってきて」

「土地の売買のことで急いで知りたいことがあるんだが、ここには見当らないね。あとで事務所に行ったら貸してくれるかな」

こんな質問がでるようになるには、利用者と私たちのあいだに、人間として信頼しあえる関係を作ってゆく、サービスの積み重ねが必要である。単に利用者と図書館員というだけでは質問もでない。なぜなら、本のことを話したり質問したりすれば、自分の趣味や嗜好、場合によっては考え方までさらけだすことになるからである。図書館員はいくら本や専門の知識があっても、いろんな利用者と何でも話し合えなければ、その知識や経験を生かせない。

逆に、図書館員はただ愛想がいいだけでは市民に信頼されない。市民の求める資料や情報を、草の根を分けても探しだして提供する専門能力と責任感が、信頼をきずいてゆく。それは、資料を求める人の気持が分って初めて生れるものである。

高知市民図書館長の渡辺進は、「いつでも、どこでも、だれにでも」という口調のいいスローガンで、分りやすく図書館の目標を示していた。私はこれに「なんでも」を加えて、日野市立図書館のスローガンにした。リクエスト・サービスの出発である。

日本の図書館では職員が、これは良いものだ、市民が読むだろうと考えて本を選んでいた。しかも、本を選ぶのはむつかしい仕事だから、ベテランの役目になっていたが、そのベテランはカウンターには出ずに事務室にいた。市民に直接にサービスをしない人が、自分の好みや主観、想像で選んでいたのだ。そして、図書館にはこんなに良い本がある、市民はそれを読みに来るべきだと思いこんで、読書運動や読書指導をしてきた。「ところが、皆さん図書館に行ってごらんなさい、あなたがほしいと思う本があったためしが一度でもありますか。」（笑声、拍手）（茅《かや》誠司氏の講演から、「図書」一四四号、岩波書店）

図書費が少なすぎたということも理由の一つである。しかし、市民が求める本を何とか用意したいという自覚があったかどうか、それが問題であった。

ほしい本が貸出中の場合、利用者はそれがいつ返ってくるか分らないので、見当をつけたころにまた来てみなければならない。ただ、そういう場合、予約しておけば取っておいてくれる図書館はあった。しかし、貸出中であろうが蔵書になかろうが予約を受け付け、蔵書になければ買い、それもできなければ他の図書館から借りてでも貸し出すという、本当の意味の予約（リクエスト）サービスを始めたのは、日野が最初であった。

申込用紙を作って始めてみると、いろいろなことを教えられた。何よりも、いい本があることを利用者に教えられた。市販されていない、されていてもほとんど目につかない小出版社の本に、意外に立派なものがある。私たちも出版情報や書評を注意して見ているつもりだが、どうしても穴がある。その穴を利用者が埋めてくれる。そして、市民がどういう本を読みたがっているかが素直に表われる。そのころ、不思議に詩のリクエストが多かった。すると、しばらくしたころ、「○○詩大系」や「○○詩シリーズ」がきそって刊行されだした。読者の傾向が一市内だけのものではないこと、読者の要求を出版が追いかけるものであることなどがよく分った。

リクエスト・サービスは日本では初めてだったので、私たちは迷うことも多かったし、予想しない事態にもぶつかった。利用者が書名や出版社をカードにはっきりと書いてくれるとは限らない。

「うちのダンナさん、最近、工業簿記の勉強を始めたの。何かいい本ないかしら」

「ありますよ。でも、どの程度のがいいのかなあ。今度、何冊か持ってきますから、ご主人に見せて選んでもらってください。見当をつけて、いろんなのを持ってきます」

「『奥のほそみち』の、できるだけくわしい注のついた本探してくれない」

このようなリクエストを受け付けたら、まず「出版年鑑」や出版速報に当って探しだし、次に館の目録で所蔵の有無をたしかめ、あれば次の巡回用に取りわけ、貸出中の場合は貸出カードにクリップをつけておいて、返ってきたときに取っておき、所蔵していなければ書店に注文する。

こう書けば簡単なことのようだが、実際には相当のエネルギーとねばり、勘が必要だ。まず、いくつもの情報誌を調べ、古い本だと「出版年鑑」を何冊も当ってみなければならない。書店に注文した本のかわりに、「絶版品切れ」の印をおしたタンザクが返ってくることも多い。貸出カードは貸出日と利用者に分けて整理しているので、リクエストされた本のカードを探しだすのも、相当むつかしい作業である。

リクエストされた本は、できれば次の巡回日に持ってゆきたい。所蔵していればいいが、ないとなると、すぐに注文して、届いた本の受入れと整理をすませるまでが二週間ということになるので、なかなか忙しい。売れゆきのいい本は注文しても本屋になく、取次店の配本も遅れる場合が多いので、もっと苦労する。次の巡回に間に合わなければ、さらに二週間後になり、やっと持ってゆくと、「もう買っちゃった」などと言われることもある。

絶版や品切れ、古い本など、どうしても入手できない本は、他の館から借りなければならないが、まず、貸してくれそうな館、というよりも職員の見当をつけ、その中からお目当ての本がありそうな館を選んで当ってみる。当るかどうか、借りられるかどうか、まるで運だめしである。

貸す義務があると思われるのは、国立国会図書館と東京都立日比谷図書館である。国会図書館は貸してはくれるが、お役所流の面倒なことをいろいろと言われるので、日比谷図書館に頼みに行った。

往復の郵送料は負担するからと言うと、応対した係長はあでもないこうでもないと煮えきらず、なかなか貸すと言わない。いらいらして問いつめると、「本を梱包する人手がない」と答えたのには、さすがの私も腹がたって、いったいこの館には職員が何人いるのか、たまの貸出申込みを処理できないほど忙しいのかと、どなってしまった。すると、係長は、自分ではどうにもならないから課長に言ってくれと逃げた。課長室に行くと、そこでは陳情者をあしらう役人の典型を見せてくれた。

「ふん、ふん、なるほど。ご案内のとおり、当館では種々事情もあり、館内のコンセンサスも得なければなりませんので……」

こんな人には何を言っても始まらないので、「検討する」という無意味な言葉を背中で聞きながら帰ってきてしまった。

日比谷図書館にはもう一度似たような経験をさせられた。この館が持っているフィルムなどの視聴覚資料を借りるには、登録をしなければならない。手続き書類を送ってしばらくすると、電話がかかってきた、

「登録票を取りにきてください」

「忙しいので、すみませんが送ってもらえませんか」

「いや、取りにきてもらうことになっています」

「送ってくれても同じでしょう」

「住所確認のために来てもらうんです」

「住所確認？　都内の図書館の所在地を確認するって、どういうことですか。それに、所在地をごまかしていたら届かないんだから、郵送するのがいちばんいい確認ではないですか」

「とにかく、そういうことで今までやっていますので」

「あなたと話をしてもしようがないから。今度、館長に会って話しましょう」

電話はきれたが、登録票は館長に会う前に送られてきた。

そのころの日比谷図書館は、あらゆる点で官僚的で、よほどの必要がなければ行く気になれなかった。その状態は、杉捷夫《としお》先生が館長になるまでつづいた。

国会図書館は借りにくく、日比谷図書館は貸してくれないので、近くや話の通じる人が働いている公共図書館に行って頼んだ。府中市立、中央区立、神奈川県立川崎などの図書館が、快く引き受けてくれた。

リクエスト・サービスを始めてから、私たちの姿勢が変った。私たちは本や情報についてのプロであり、その知識を普通の人より多く持っていることは間違いないが、リクエストされる本には教えられることが多い。そして、むつかしい学問をしている人や、仕事のために真剣に本を求めている人がいることにも気がつく。私たちの頭はだんだん下がり、人々に対して謙虚になっていった。

ある日、仙台の歴史を書いた本を求められ、どうにか手に入れてリクエストした人に通知した。その人はすぐにやって来て、姿勢を正し、おしいただくようにして本を受けとった。そのとき私は変った。自分は今まで、市民がどんな気持で本を求めているかを知らなかったのだと気づいた。自分のしていることが、どんなに重要な仕事であるかを教えられた。一見単純に見える貸出しという仕事の奥深さを知った。

また、人々が図書館に、いかにレベルの高い本を求めているかもよく分った。それまで、市民は図書館をあきらめ、図書館は市民を馬鹿にしていたのである。

リクエスト・サービスは、利用者の求める本を提供するサービスである。このサービスは、図書館の姿勢を一八〇度換える。市民に与える図書館から市民の求めに従う図書館へ、市民の上にある図書館から市民とともにある図書館への転換である。図書館大会では「民衆とともにある図書館へ」というスローガンを掲げたこともある。私もそのスローガンが分っているつもりだった。しかし、体を通して本当に分ったのは、リクエスト・サービスを始めてからである。すると、歯のうくようなスローガンや標語が恥かしくなってくるのだった。そして、図書館の姿勢が変れば、市民も体で分ってくれるようになる。

　リクエスト・サービスから学んだもう一つ重要なことは、市民の要求と本の選択との関係である。リクエストのほとんどが、私たちに何かを教えてくれるようなものばかりだから、当然、私たちの本の選び方は、そこに表われる市民の欲求をかなえようとするものになる。ところが、私たちが選んで車に積んでゆく本によっても、リクエストの出かたが違ってくることに気がつく。たとえば、そのころから出版されはじめた優れた絵本や、単なるハウツーものでない料理の本を積んでゆくと、

「この絵本、とても子供が喜ぶの。同じ人のか似たようなのはないかしら」

「今度、この出版社のこの料理の本もってきて」

と言われる。本格的な理論書も借りられ、その本に書かれている参考文献の一冊をリクエストされることもある。

私たちがリクエストに教えられる一方、リクエストの中身も私たちの選んだ本に触発されて変っていくことがよく分った。本の価値と市民の要求との有機的な関係を、事実によって学ぶことができた。

リクエスト・サービスを始めたこともあって、利用は見るみるうちにふくれあがり、利用が利用を生むようになってきた。最初の巡回のあいだは貸し出される一方でも、二回目からは返ってくる本があるので、それを使うことができると思っていたが、巡回するごとに利用者が増えて、移動図書館は書棚をがらがらにしてもどってくる。翌日のために大急ぎで本を整理しなければならないから、いきおい残業ということになる。連日の残業にも、文句を言う者はいなかった。

予算には蔵書にみあう書架の購入費を組んでいたが、貸し出される本の量をまったく誤算していたので、書架は少なくてすみ、その分を図書購入費にまわすことができた。私は東京へ来るまえに、二つの市立図書館で働いたことがある。二館とも平均よりは多い図書費を持っていたが、日野にはその数倍もの図書費がある。ところが、日野のほうが本が足りないのである。私たち職員も市民も、本に対する飢餓感に苦しめられるようになった。

あるサービス・ポイントでのことだった。つっかけをはいた奥さんがやって来て、移動図

書館の書棚をぐるりと見てまわってから、

「何よ、こんな本しかないの」

そんなことを言われるはずはないと、頭に血が上るようなくやしさをおさえて声をかけた、

「読みたい本があったら言ってください。今度もってきますから」

奥さんは答えなかったが、当りをつけた本を積んでいった次の巡回では、何も言わずに借りてくれた。思わず「やったあ」と心の中で叫んでしまった。

本に対する飢餓感を味わって初めて分ったのは、図書費がある程度以上あれば本が足りなくなり、図書費が少なければ本があまる――言いかえれば、図書費には利用が増えるかなくなるかの臨界点があり、それ以下の図書費では無駄になるということである。日本の公共図書館は、図書費が少なすぎて新鮮な本がなく、市民は失望して寄りつかず、図書館員は利用の少なさを市民のせいにして、読書運動によって利用を増やそうとするか、あきらめてごく一部の読書人のためのものになっていた。あまりにも貧しく、その貧しさに気づきさえしていなかった。

本の量や新鮮さだけでなく、その質も問題である。移動図書館には軽い読みものを積むというのがそれまでの常識だったが、私はできるだけ幅ひろく、あらゆる種類の本を積もうとした。といっても、積めるのはたかだか二千冊だから、館の蔵書全体を推測できるような本

を選んだ。たとえば、「芥川龍之介全集」の第一巻をいれておけば、当然全巻そろっていると思うだろう。また、「龍之介全集」があるのなら、他の作家の全集もあるだろうと連想するにちがいない。移動図書館は動くショーウィンドウなのである。

質の高い蔵書で良いサービスをという私の願いが、はたして市民に受け入れられるかどうか、自信はなかった。だが、爆発的な利用と市民の反応で、私の考えが誤りではなかったことが確かめられた。

「こんな本もあるんですね」と言われると、図書館にはどうせ誰もが知っているが読みはしない本しかないだろうと思っていた人の、驚きの声のように聞えた。

すぐには利用がなくても、買っておかなければならないと思う本は買っていった。たとえば事典やハンドブック、それに「西田幾多郎全集」などである。また、日野に関する新聞記事ならどんな小さなものでも切抜き、台紙にはって主題別に整理する仕事もはじめた。これは想像以上の労力と忍耐がいる仕事だったし、移動図書館だけのサービスだった八年間は全く利用されず、蓄積するだけだった。しかしいま、この切抜帳は日野市を知るには欠かせない資料となり、市民に利用されている。

しかし、図書館界には、日野市立図書館が移動図書館だけで仕事をしていることと、利用が非常に多いことを自館に引きつけて解釈して、蔵書の質が悪いのだろうと思っている人が多かった。こういう先入観はなかなかなくならないもので、いまでも貸出しの多い館のことを無料貸本屋などという人がいる。こういう人は、図書館の貸し出す一冊の本が、利用者にとってどういう意味があるのかも分らず、自分でも読みはしない、教科書に出てくるような本しか本でないと思って、自分だけの高みから人々を見くだしているのである。

市民のなかへ

職員たち

利用者はますます増えつづけ、移動図書館のサービス・ポイントの増設を求める市民の声も強くなってきた。市会議員から、地元にも来てくれと言われるようになった。しかし、一台でまわれるポイントの数には限界があり、これ以上増やすと巡回の間隔が長くなってしまう。間隔が二週間以上になると、利用者には長すぎて、サービスが間のぬけたものになり、館としても、貸し出した本が戻ってくるまでの日数が長くなって、蔵書の利用効率が悪くなる。そこで、四十一年度の予算では、もう一台の車の購入費と改造費を要求し、同時に、それに必要な職員を増やすことも要求した。また、図書費は前年の二倍、一千万円の見積りを立てた。五百万円で買った本が、いったいどこへ行ってしまったのかと思うほどになっていたからである。財政課との折衝では、利用が多くて図書費が足りないことを力説したが、のれんに腕おしの感じだった。

「一度、図書館がサービスしている現場を見にきてください。どんなに市民に喜ばれているか、どんなに本が足りないかが分りますから」

「行くと、しようがなくなるからなあ。まあ、やめとこう」

この正直な返事に、私は可能性はあると思った。

有山の決断だと思うが、予算はほとんど要求どおりに認められた。図書費は九四五万円、その他の資料費を含めると、一〇一四万円だった。この図書費は、日本の公共図書館の発想を変えたと言っていい。百万円単位の図書費が普通だったときには、それを一割か二割増やすのに苦労し、増えれば満足していた。一千万円という数字が現われたとき、予算の考え方がもう一段高い水準に上がったのである。この年、日野市立図書館が一千万円の図書費を組んだことは、図書館界の常識を飛躍させ、日本の図書館に大きな影響を与えた。

多くの図書館が、日野の例をてこに図書費を増やそうとするようになった。日野が特別な例外であるかぎり、いつかは例外であることを認められなくなるだろう。なるべく早く全国の図書館の図書費が上がり、例外でなくならなければ、日野ももちこたえられなくなる。私は祈るような気持で、全国の図書館の動向に注目していた。

すべての図書館員が、日野の例を喜んでくれたわけではない。その年の秋、私たちは初めて職員旅行にいき、途中で、ある市立図書館に立ち寄った。高名な館長がいて、会うだけでも勉強になると思ったからである。しかし、その館は、地元出身の文学者の著作や資料以外には見るべきものがなく、荒涼としていた。館長は私たちにまじめに接しようとはせず、質問しても最小限の答えしかしなかった。ところが、私たちが立ちかかったとき、館長は力をこめて言った、

「図書費が多いのはいいことではない。少ない図書費をいかに有効に使うかが司書の腕のみせどころだ」

一千万円の図書費でも十分ではなく、奪いあうようにして本を選び、大切そうにかかえて帰る利用者の姿を思いうかべながら、私は黙っていた。財政課の職員が聞いたら、どんなに喜ぶだろうかとも思った。館をでたとき、副館長の鈴木がなじるように言った、

「こんな図書館に、なんで連れてきたんですか」

そのころアメリカの図書館で働いていた森博が、帰国後に言った、

「日野が一千万円の図書費を組んだと聞いたときには、本当に心配だった。のるかそるかだからな」

「うらやましい」とか「どうせつづかないさ」という声は聞えてきていたが、「心配だ」と

言ってくれたのは森だけだった。

日野の活動を見て、それにつづく仕事をまずしてくれたのは、東京の府中と町田の市立図書館だった。府中では、利用者の名前がブックカードに残る貸出方式を、日野と同じ残らない方式に改め、開架図書を増やして借りやすくした。町田では、それまでの建物がとりこわされることになって、米軍のかまぼこ兵舎のお古に移ったのを逆手にとって、閲覧室をなくし、それまでしていなかった貸出しを始めた。館則には貸出しの規定がないのに。職員が勝手にやりだしたのである。役所から何も言われなかったのは、気づかなかったというより、図書館のことなど念頭になかったからであろう。

府中でも町田でも、館の方向が変ると利用が急上昇していった。市民に喜ばれ、職員は自信がつき、図書費も何倍かに増えていった。この二館が日野を例外にさせず、日野の方向の正しさを証明してくれた。私には実にありがたい援軍だった。

その後、三多摩には新しい方向に進む館が次々と生れたが、この二館、特に府中市立図書館はよい意味でのライバルだった。貸出冊数が気になったのではない。本である。府中市立に行くと、まず書棚を見る。日野にはない良い本がある。手帳に書きとめ、帰るとすぐ書店に注文する。私は職員に、「よその館に行ったら本を見て、うちにない良い本があったらメモしてこい」と言っていた。府中に行ってきた職員はしばしば言ったものだ、

「ちくしょう、またやられた」

当時の館長は大西伍一で、物静かで誠実な人だった。まわりには自然に人が集まり、一種のサロンのようなものができて、そこから「図書館友の会」が生れ、さまざまな行事をして発展していった。しかし、その会が活動すればするほど、役所の一部で領海侵犯だというような非難が強まり、会はとうとうつぶれてしまった。日野でも「友の会」が自然に生れたが、私は大西のような人柄でもないし、府中の残念な例を教訓に、何かと用心することになった。

図書費だけでなく、二台目の移動図書館の要求も認められた。今度はトラックを改装して大きなものにし、書架は内側だけに置いて、利用者には中へはいってもらうようにした。外側の側面には、「誰でも、無料で本がかりられます」と書きいれた。この当り前のことを誰もが当り前だと思うようにするために、移動図書館そのものを宣伝車にしたのである。

七生支所の一室の事務所は、窓ごしに書架が見えるので、近所の子供が本を借りにきた。せっかく来たのに貸さないわけにはゆかず、一人に貸すと二人になり三人になって、いつのまにか常連が生れてしまった。こうなると片手間の仕事ではすまなくなり、六月に条例を改正して、正式に分館にしてもらった。中央館のない分館の第一号、高幡図書館である。

昭和四十年六月、私たちは六人で出発したが、ほどなく中堅職員の不足が目に見えるようになり、人事課に頼みこんで、十一月には、社会教育課でしばらくいっしょに働いた田窪を配属してもらった。翌年の四月には、二人の女性司書を新採用してもらった。辞令をもらった二人が図書館にくると、すぐ鈴木が言った、

「移動図書館に乗ってもらうから、急いでその事務服に着がえて」

二人はちょっととまどったが、背すじをのばして「はい」と返事し、緊張して出かけていった。

みんなよく働いてくれたが、他の館から優秀な司書をスカウトするしかないと思うようになった。信頼できる知人に相談して、まず東京農工大学から斎藤を、つづいて今治市立図書館から矢野を迎えることができた。この二人は専門家としての優れた能力と経験を持っているだけではなく、仕事に対する熱意とねばり強さで若い職員をひっぱっていってくれた。その後、新しい職員が配属されたり採用されたりすると、最初の半年、どちらかに一対一で指導してもらうことにした。

図書館をスタートさせるとき、他の館で育った人をスカウトすることは、その館の将来に決定的な影響を与える。すでにその資質や能力の十分わかっている人を得ることができれば、これほど有利なことはない。図書館に限らず、自治体のあいだで職員がもっと移動しやすくすべきではないだろうか。

スカウトした人にも新採用の人にも、私は最初の日に次のように注意した。市民を大切にして、本を借りていただくのだという気持で接すること。図書館は市民の求める資料があるかないかで評価されるのだから、求められたものは草の根をわけても探しだすこと。移動図書館はあらゆる意味で図書館の原点だから、市民のあいだから分館や中央館の要求が出てくるような仕事をすること。

実際、職員はみなよく働いてくれた。雨が降りだして、私が「今日は移動図書館は休もうか」と言うと、かならず「待っている利用者がいたら申し訳ないから」と言う者が出る。行ってみると、たいてい誰かが待っていて、雨の中でサービスが始まる。そのうちに土がぬかるんできて、次の巡回地へというときには車輪が空まわりということもある。わらや板きれを探してきて車輪の下につっこみ、エンジンの始動にあわせて車の後押しをする。はねあがる泥を気にしてなどはいられない。何度か反動をつけ、かけ声もろとも車がぬかるみから抜け出したときには、泥と雨と汗で顔がぐしゃぐしゃになっていた。

一時間の駐車時間では足りない場所もあり、あまる場所もあった。人がいないのに車をとめ、誰か来てくれないかと思いながら、何となく本を並べ換えたりなどしているのは、たとえ五分でもいやなものである。

業務が軌道に乗ってくると、いちいち言わなくても、職員が自分で新しい仕事を作るようになってきた。そうでなくても残業つづきなのに、さらに仕事がふえることを心配しはしたが、人は自分がしたいことをするときには、十の力を十一にも十二にもするものだ。そして、新しい仕事に挑戦し、やりとげると、自信がつき、一段と高い仕事のできる人間に成長する。

ある図書館組織から見学団がきて、そのうちの一人が帰りぎわに言った、

「こんな超人的な努力がいつまでつづけられるか、不安ですね」

私も不安だったが、この不安が役所に増員要求の理由説明をするとき、私の力になった。

私や副館長の鈴木をはじめ、ほとんどの職員が、いわゆるよそものであることが、市役所の中での図書館の立場に微妙な影響を与えた。そのうえ、事務所が離れていたので、へいぜい市役所の職員と顔をあわせる機会も少ない。

少ない人員で苛酷な労働に耐えてゆけたのは「図書館は楽な職場だと思われたくないという気持がみなぎっていたからである。当時、図書館は一般に、静かで上品な、あまり忙しくない、まして肉体労働などはほとんどない職場だと見られていた。しかし、私たちの仕事は、暑くても寒くても屋外で行なわれ、忙しいサービス・ポイントなどでは、ほとんど顔を上げる間もなしに貸出しをし、重い本のつまったプラスチックの箱をあげおろしする激しいものだった。この労働を女子職員も含めた全員がすすんでするようになったのは、経験のある司

書として他の館から来てもらった、鈴木、矢野、斎藤の三人が、牽引車の役目を果してくれたからだった。

副館長の鈴木は、図書館よりも土木工事の現場にふさわしい風貌をしていて、何でも積極的に実行し、企画力に富んでいた。移動図書館に乗っていって市民と友達になり、ときには話しこんでなかなか帰ってこずに、私を心配させたこともある。彼は楽観主義者で、ことの有利な面を見て実行するタイプだったが、私にはそれがときに危なっかしく見えた。私は二割くらい不利な状況であるほうが、すべて有利な状況であるより安心できる人間だった。

彼は一見豪放のようでいて実は繊細な神経のもちぬしで、深く考えずに言ったりしたりしたことについて、あとでひそかに悩むというようなところもあった。

係長の矢野は、鈴木とは対照的な人柄で、線の細そうな体に、少々のことではあきらめない、ねばり強い気質を秘めていた。彼ほどよく働く者はおらず、いつも動きまわっていた。細い体をつんのめらせて重い本のつまった箱を車に運び、本の位置を確かめたり直したりしながら、部下に指示を与えていた。

ある冬の朝、東京には珍しい大雪がふり、すべての交通が途絶した。歩いて通っていた私が、いつもの三倍くらいの時間をかけて出勤すると、八王子から電車で通勤していた矢野が、ちゃんと来ていた。歩きにくくて三時間以上もかかったとのことだった。

彼は子供の本をよく読み、一家言をもっていたので、児童図書の選択や児童サービスは一切彼にまかせた。つねに先に先にとサービスの手をうち、いろいろな行事を企画し実行してくれた。

斎藤は長いあいだ大学図書館に勤めていた人だが、その庶民的な人柄が公共図書館にむいていた。赤ん坊を抱いた母親が移動図書館に来ると、すぐ手を差し出して子供を抱きとり、母親が本を選ぶのを助けたりした。たちまち利用者と親しくなり、派手ではないが人々から信頼された。困っている人や弱い人の面倒を、とことん見るところがあった。若い職員の私的なことにも気を配って、アドバイスしたり叱ったりしてくれた。

市役所の職員に対しては、鈴木は力でおし、矢野はひたむきな努力で相手に認めさせ、斎藤は相手の中へ入ってゆくタイプだった。それぞれに私とは違い、それがよく私を助けてくれた。

もう一人、役所から来てもらった庶務係長の田窪を逸するわけにはいかない。役所から来た人の中には、司書と対抗したり、お役所風をもちこんで司書を困らせたりする人がよくいるものだが、田窪は全くそうでなく、司書が働きやすいように事務的な面をしっかり支えてくれた。手がすいているときには、すすんで本のカバーかけをし、車にも乗って黙々と手伝ってくれた。

私は四人の職員のことだけでなく、ともに働いてくれたすべての人たちのことを思い出す。ほとんどの人たちが、厳しい仕事に不平も言わず、自分の持ち場を立派に守り、私の求める働きをしてくれた。一人一人が、同僚というより同志か戦友に近い感じで思い出される。

ある年、どうしても日野の図書館で働きたいという人が採用試験に通り、四月一日に出勤してきた。いつもと同じように簡単な注意をして、すぐ移動図書館に乗務させ、翌日も同じ仕事をさせた。すると、三日目に母親から電話がかかった、

「せっかく採っていただいたのに申し訳ないのですが、娘をやめさせてください」

私は思いとどまるようにと説得したが、とてもついてゆけないからの一点ばりで、あきらめざるをえなかった。採用の手続きだけでも相当の人手がかかっているので、人事課にあやまり、何とかすぐ別の人を採用できるようにしてもらったが、ああいう人には早くやめてもらってよかったのかもしれないと、自分を慰めた。

ほかにも、日野市立を理想的な図書館だと思いこんではいってきて、失望する人がいた。この世に理想郷などありはしないということが、分っていなかったからでもあろうが、大学で習った図書館像から考える理想が、日野の追求するものと相当へだたっていたことが大きな原因だったろうと思う。

職員たちの献身的な努力によって、市民に司書の専門能力が認められ、市役所でも図書館は相当厳しい職場だと思われるようになってきたが、私たちは気をゆるめることはできなかった。成人式や市民体育大会などで教育委員会の全職員が駆り出されるとき、図書館の職員たちは、私にはつらく思えるほどかいがいしく働いた。たとえば係長は、成人式に晴れ着姿でやって来る若者たちのはきものを袋にいれる役をかってでて、黙々とやりつづけた。彼は何も言わなかったが、その気持は痛いほどよく分った。

私は確かに優れた職員を集めることができた。だが、職員を鍛え、その能力をみがいたのは利用者である。利用者の喜んでくれる仕事をし、その仕事に対する反応が敏感に返ってくるとき、職員はかわる。さらに高いサービスをしようという意欲がわいてくる。仕事が職員を作ったのである。

電車図書館

昭和四十一年の春、中国では文化大革命が始まり、ベトナム戦争はエスカレートしていた。日本ではビートルズがやって来て熱狂的なエレキブームがおこり、そして人口が一億人を突破した。日野では人口の社会増がますます進み、土地の安い所から虫食い状態に家が建ちはじめた。若いサラリーマン夫婦の子供である幼児が増え、そのための施設の整備が急がれた。そのころから、移動図書館の利用があまりに多いので、せっかく来てもあきらめて帰る人がいるような場所が出てきた。多摩平団地が特にひどかった。ある日、その団地の子供が言った、

「おじさん、動かない図書館がほしいよ」

いつでも本が借りられ、いつでも返せる図書館のことである。子供らしい表現で、分館の必要を言ってくれたのである。

久しぶりに市長室に有山を訪ね、分館を作る状況が生れたことを話した。

「いま建物を作る金はない。何かいい手はないかなあ」

しばらく考えてから有山は、古いバスを買おうと言いだした。私は首をかしげた。前年の図書館大会で、古バスを使った例が報告されたが、報告者の表情に、実績を無理に大きく言っている様子がありありと見えたからである。

事務所に帰ってみんなで相談した。うまくゆくかどうかは分らないが、とにかく移動図書館よりも多く本が置けて動かないものであれば、少なくとも今よりはましだろう。しかし、二千冊くらいしか置けないのだから、子供専用の図書館にしようということになった。

東京都交通局に行って、古バスを払い下げてほしいと頼むと、係の人が言った、

「いまちょうど都電を撤去していて、電車があまっていますよ。バスより電車のほうがいいんじゃないですか」

値段を聞くと、どちらも四万五千円だという。電車のほうが大きくて丈夫そうだし、子供もバスより喜ぶだろうと思ったので、電車にきめた。車庫からの運賃や改造費のほうが高くて、全部で三十万円くらいになる。

次に市の財政課に話をもってゆき、できることになれば予算化するという約束をとりつけた。問題は多摩平団地の地主である住宅公団が、電車を置く場所を貸してくれるかどうかである。団地の人たちが駅に行くときの道の近くにある、集会所横の空地がいい。そこなら職員が集会所の便所を使えるし、人々も来やすい。住宅公団東京支社の担当課長に会いにゆき、図面をつけて頼んだ。課長の第一声はこうだった、

「日野は変った市ですね。そんなことをして何になるんですか。本を読みにくる人がいますかねえ」

そこで読むのではなく貸すだけで、借りにくる人はいる、今までの移動図書館の利用でそのことは保証できると説明したが、その場では返事をもらえなかった。何日かたって公団の南多摩事務所から電話があり、貸してもらえることになった。南多摩事務所は多摩平団地の

中にあり、私たちの仕事を見ていたので、東京支社に好意的な内申をしてくれたのだろう。

すべての準備が終り、ある日の早朝、大型トレーラーが電車を運んできて改装が始まった。そばに利用案内の看板を立てる。書架はまん中におき、約二千冊の本をならべる。初めての分館づくりに、私たちは疲れを忘れた。

昭和四十一年八月、多摩平児童図書館の開館式が近くの集会所で行なわれた。市長と教育委員長も出席し、子供たちを主役にした式にして、やなせたかし氏に話をしてもらった。この分館は電車という珍しさも手伝って、開館の日から子供たちでにぎわった。遊びにくるといった感じでやって来て、椅子も机もないので窓によりかかって本を読んだり、友達としゃべったりして本を借りていった。移動図書館の気やすさがそのまま生きている分館で、一年間に約八万冊の本を貸し出した。今でも一つの分館で八万冊というのは相当なもので、当時は大都市の中央館なみの数字だった。

電車図書館が成功したので、私たちは分館づくりに自信がつき、市民は図書館の本当の姿を目でみ肌で感じられるようになった。それは閲覧室も集会室も事務室もない、書棚とカウンターだけの図書館である。余計なものが一切ない、最小限の機能を備えた施設だったので、図書館とは何かを、いっそうはっきりと示していた。利用者はそれを、理論からではなく体験を通して知ることができた。

しかし、電車図書館ならどこがやっても成功するというわけではない。成功するためには三つの条件が必要だった。移動図書館のサービスから、生れるべくして生れたものだった。また、この小さな図書館の背後には、一つのシステムとしての図書館があり、つねに新鮮な本を供給し、利用者の求めにもこたえることができた。そしてもう一つ、優れた職員がいた。夏、団地の空地にすえつけられた電車の中は猛烈に暑い。冬は小さな電気ストーブを一台足もとにおくだけで、外で仕事をしているのと変らない。そんな条件の中で、二人の女子職員（一人はアルバイト）はまったく不平を言わず、子供たちの友達になってくれた。ここに配置した安藤は、図書館設置のとき市役所から異動してきた人で、何事にも自分の考えを持ち、言うべきことははっきりと言った。そんなところが、あるいは役所の中では変っていると思われ、図書館にまわされたのかもしれない。図書館では車にも乗り、ほとんどあらゆる仕事をせざるをえなかったが、専門職の仕事も吸収して、献身的に働いてくれた。利用者に対する態度は柔らかく、子供たちにもなつかれた。

電車の分館ができてまもなく、東京のある図書館員が、「日野もやっと、移動図書館だけでは駄目なことが分ったか」と言ったということが耳にはいった。発展への歴史認識の欠如である。私たちは、システムとしての図書館という、全く新しい大きな目標にむかうために、移動図書館一台だけでスタートした。そして、そのサービスから、ほとんど必然的に利用者の要求が出て、全く不十分なものではあるが分館が生れた。システム構築への小さな一歩を踏みだしたのである。

それから二十年後の昭和六十一年、ある新聞の記者が、「日野が移動図書館だけでスタートしたのは、そうするより仕方がなかっただけではないか」と書く。これもまた歴史認識の欠如である。昭和四十年当時、有山や私の考えていたシステムとしての図書館が、すぐに日野の市民に理解されていたら、初めからそれを作ろうとしただろう。だが、そのころ、そのような町が日本にあっただろうか。

本当の図書館とは何かを、市民に肌で分ってもらうための唯一の方法が、移動図書館だったのだ。図書館が動き、それによって市民が変り、その市民がまた図書館を変えてゆく。この生きた関係と発展の道すじが分らないから、「そうするより仕方がなかっただけだ」とか、「やっとそれだけでは駄目なことが分ったか」などと言うのだ。

移動図書館の利用も増えつづけ、昭和四十一年度の貸出しは一六万五千冊になった。平山小学校の校長から、校庭に来てくれないかと頼まれ、放課後に行くことにした。大勢の子供たちに利用され、先生も何人かが常連になった。

女性職員の加藤が、移動図書館の貸出しの合間をぬすんで、子供たちに本を読んでやりはじめた。

「さあ、集まって。今日は猫の冒険の話よ。面白かったらもう一つおまけしようかな」

数人の子供にとりかこまれて、小さなお話会が始まる。絵本をひろげながらの真剣な語りに、子供たちはひきこまれてゆく。そのうち、他の職員の中からも同じことをする者が現われた。途中から加わった斎藤が最初に車に乗ったとき、いちばん印象的だったのは、男性職員の尚が子供に本を読んでやったことだという。

この年、市町村立図書館の利用は前年度を上まわり、九二二万冊になった。状況が変ってきたのである。しかし、大多数の図書館はほとんど変っていなかった。開架制といっても、ごく少量の本を閲覧室に並べる方式が主流で、その閲覧室に入るためには、受験生といっしょに行列しなければならなかったから、一般市民の利用は非常に少なかった。貸出方式も、一部の館を除いて面倒な手続きが必要で、禁帯出図書が多かった。

「図書館雑誌」には毎年、その年の「回顧と展望」が載るが、昭和四十一年度を書いた日比谷図書館長の長谷川昇は、図書館の新しい動きについて一行も触れなかった。

日野は、そのころの図書館界では、いったい何だったのだろうか。有山が市長の町であること、移動図書館一台だけでやっていること、図書費が大きいことなどで注目されてはいただろう。しかし、従来の運営方法に対する批判をこめた図書館を作ったのだから、当然、かなりの反撥が出てきてもおかしくなかったのに、当時書かれたものにはそれが意外に少ない。

日野の方向を受け入れたのはごく一部の図書館で、ほとんどの館は無視するか陰で批判するかだったのではなかろうか。

たとえば、「図書館界」昭和四十二年一月号に、「不閲者の意味するもの」という巻頭言が掲載された。論者はこう主張する。

　学生や子どもの勉強場所がほしいという巨大な社会的要求が存在し、その一部分が図書館によって現在まかなわれている以上、図書館がこの要求に対して主体的に取り組むべき時期が来ていると判断してもよいのではないか。

これに対して、七月号に「私はこう考える」という反論が出る。

（巻頭言の）論者のいう如く、不閲者発生に関して、図書館が責任を負わねばならぬ部面は少しもない。……無論、「不閲者」人口発生後の、いわゆる事後処理に対して図書館は目をつむるわけにはゆかない。……私はあくまで、学生や子供たちが、それほどまでに勉強しなければならない現状の「何故」を問うべきだと思う。

この反論は、図書館の役割については不徹底な現実論である。さらに翌年の五月号には、巻頭言の論者の反批判ともう一人の意見が載る。論者は言う。

　図書館イコール勉強する場所という……通念の発生が日本の社会において必然的なことだったとは思う。だからこそ、毒をもって毒を制するごとく、むしろ社会通念に徹するべきではないかと主張したわけだ。……不閲者たちは人間の一生のうちでもっとも読書力をもつ年代ではないか。これらの人々に(対)して、図書館はあらゆる面から働きかけるべきだ。私たち図書館員は、そのために存在しているのではないか。……不閲者をしめ出すことだけが図書館の批判的態度のあらわれでは、あまりに図書館員がみじめではないか。

もう一人の人は言う。

図書館の捕えるべき絶好の獲物がこちらから招かずともむこうからやってきているということである。この獲物を放っておいて、図書館の「主動的な役割」とは何であろうか?

この白熱した論争のさなかだったその年の一月、私は同じ雑誌に次のように書いたが、論争した三人も含めて、何の反応もなかった。

席貸しも図書館サービスなのだという論があります。これは「公共図書館は全住民のための図書館である。学生も住民ではないか。当然席貸しも図書館がすべきだ」というのがその論拠です。これは実に単純な論理の誤りをおかしている議論です。学生であろうとなかろうと「図書館サービス」を受けるべきであることはもちろんです。問題は「席だけを貸すこと」が「図書館サービス」であるのかということなのです。

席借りの要求を受けとめることは「現実的」なのだということ(意見がある。)このような現実主義、というより無定見な現実への屈服が結局一応は認めた本質的な機能をまで流しさってしまうのです。

昭和四十一年、横浜市は「青少年図書館」という席貸しだけの図書館を作った。そして、席しかないから司書はいらず、運営を地元の運営委員会に委託した。「捕えるべき絶好の獲物」を逃がすまいとしたのである。この現実主義が、横浜市のその後の図書館行政を非常に混乱させ、そしてこの席貸し運営の委託が、すべての業務を委託する疑似図書館への道を開いたことは、改めて言うまでもない。机と椅子のない日野市立図書館と、机と椅子しかない横浜市の青少年図書館が同時期に生れ、どちらが本当の図書館であるかという鋭い問題提起が事実によってなされたのは、けっして偶然ではない。

市民と図書館

図書館友の会

図書館の事務所として一室を借りていた七生支所は、管内の人口が急激に増加するにつれ、職員や備品類がふえてきた。家主がこういう状態になると、間借り人はだんだんいづらくなってくる。何とかしなければならないと思っていたとき、多摩平支所の二階を使っていた市の建設部が本庁の近くに移転するという情報をえた。さっそく庶務課と多摩平支所に行き、あとを使わせてほしいと頼んだ。多少の条件をつけられたが許可が出て、昭和四十一年十月の末に引っ越した。今度は二室あって、一つを書庫に、一つを事務室にして、どうやら事務所らしい体裁をととのえることができた。建設部が置いていった古い応接セットもあって、お客さんがきても坐ってもらえるようになった。一年半のあいだに二度引っ越したわけで、これこそ移動図書館事務所だとみんなで笑った。

最初にその応接セットに坐ったのは、多摩平団地に住む数人の主婦だった。

「図書館にはいつもお世話になっているから、何かお手伝いさせてほしいんです。何でもいいからやらせてください」

とは言われても、これといってしてもらうこともない。貸出しの手伝いは一度してもらって利用者から厳しく抗議されたし、本の整理は専門的な知識がないとできないことが多いし、あまり単純な仕事をしてもらうのも失礼である。そこで、本の修理をしてもらうことにした。少し習えばできるし、ものを直すという面白さもある。その日は帰ってもらって、製本の道具や用品を買いととのえてから、あらためて来てもらった。作業用の服を着てはりきっている主婦たちは、斎藤に修理法を教えられ、しばらくすると楽しそうに手を動かしはじめた。

そのなかに、いちばん積極的で、図書館が好きで好きでたまらず、何でもしてやろうという植草釟子《はつこ》がいた。本の修理はそのうち種切れになったが、植草はその後、まるで図書館の親戚のようになって、終始かわらず図書館を支持し、私たちを助けてくれた。

ある日、移動図書館のサービスを終えて事務所に帰ってくると、石田地区の人から、こっちにも来てほしいという電話があったという。駐車場所は松本さんの前がいいとのことだったので、了解を求めるために電話をかけた。その後の様子は、松本キミ子の回想に再現してもらおう。

私は胸をドキドキさせて電話のある酒屋さんまで走った。「うちの庭にぜひ来て下さい!」その時応対に出られた図書館の人の声をはっきり覚えている。「ありがとうございます。図書館にご協力頂きまして感謝いたします」「ハア?」ありがたいのは私の方なのに図書館の人がありがとうといったのだ。

ホントに「ひまわり号」はわが家の庭にやってきた。現・高幡図書館長(後、日野市立図書館長)の斎藤さんが、最近こっそり打ちあけてくれた。

「松本さんが当時住んでいたところは日野のチベットといわれるくらい人があまり住んでいなかった。もっと沢山の人が住んでいるところにまわすべきだと議会で問題になったこともある。でも前川さんは(言った)、求めている人の所へ行く、それがサービスだと」。

ひまわり号から借りた本で私達の暮しを決定的に変えたのは、ガウディの作品集だった。私と夫は廃品で手づくりの家をつくり、多摩川の小魚と野草で友人を呼んだ。もう一つもてなしがあった。図書館から借りる二人分八冊の本だった。(「としょかん」二一号)

松本がどんな本を読んで何をしていたかは、もちろん私たちは知るよしもなかった。

そのころ、多摩平団地のある駐車地に、毎回かならず来る娘さんがいた。見るからに体が弱そうで、おとなしい人だったが、しばらくすると、お母さんがかわりに来るようになった。

病気で寝ているんですとのことだった。そして何ヵ月かたったある日、お母さんが事務所にたずねてきた。

「娘がたいへんお世話になりました。先日死にまして、寝ているときも本だけが楽しみでした。死ぬ前に、自分の持っているお金は図書館の人にあげてくれ、お菓子でも食べてもらってほしいと言いましたので……」

そのあと、お母さんと私が何を言ったかは覚えていない。何も言えなかったのだろう。私はいまこの原稿用紙がかすんで見える。

この娘さんだけでなく、大勢の人が図書館に感謝してくれた。しかし、本当に感謝されなければならないのは本そのものである。私たち図書館員は、人々を励まし慰め、人を作っていく本を提供する自分たちの仕事に誇りを持つべきである。そして図書館には、人々の知的好奇心に火をつけ、その可能性をひきだすような本を置かなければならない。日野市立図書館でも、本の選択については最も頭をしぼり神経をつかった。

数人の司書が相談して選ぶのが普通だが、忙しいときには新刊書のリストに各自がチェックし、一つでもチェックがあれば買うようにしたこともある。意見の相違はあまりなかったが、利用者の要求をどのように見るかという判断では食い違うこともあった。たとえば、羽《は》仁《に》五郎の『都市の論理』はリクエストが多かった。かりに四十人の人がリクエストしているとして、二冊しか買わなかったら、本が確実に期限内に返却されたとしても、最後の人は十ヵ月後でなければ借りられない。思いきって十冊買うか我慢してもらうかは、この本の寿命、いつまで読まれるかにかかってくる。この予測はむつかしく、経験と勘、それに各自の評価がからんでくる。そのときは何人かが大急ぎで読み、ある冊数を買ったが、予測は外れてしまった。

私たちの選択眼は市民の要求によっても磨かれたが、それが特に著しかったのは、家庭向きの実用書についてだった。小さな出版社が寿命の長い優れた内容のものを出しているかと思うと、大出版社が表紙だけ変えて同じ中身のものを出していたりして、油断がならなかった。そのようにして選んだ本が、今度は市民に、こんな良いものがあるのかと思われることにもなった。市民にお返しをしたわけである。

児童図書は、矢野と中野訓江《くにえ》が中心になって選んだ。そのころ、非常に優れた絵本が出版されるようになり、幼児が多かった日野では特に喜ばれた。同じ本を数十冊も買うこともあったが、それでもいつも棚になく、「巡回が午後だから、いい本が回ってこないんじゃない？午前にしてよ」と言われたこともある。

矢野は幅の広さを心がけ、中野はわりあい厳格に選ぼうとしたので、意見が対立した。私が決めなければならないのだが、はっきりした線が引けるものではなく、ときどき意見を言いはしたが、成りゆきに任せることになった。だから、中野が担当した分館の児童書は、移動図書館に比べると、選びぬかれた良書ばかりだった。本はいろいろ、人もさまざまで、どこで誰がどんな本に出会って何がおこるかは、私たちが軽々しく判断できることではない。しだいに本にも人にも謙虚になってゆくが、本の選択については、いつになっても落ちつかない思いをする。

植草たちは本の修理をして製本に興味をもち、その勉強をしようと言いだした。自分たちだけでは勿体ないから、市民にも呼びかけよう、そうなると何か会らしいものがないと格好がつかない、「図書館友の会」を作ろうということになってしまった。まず製本の講習会を開き、二日後に公民館で友の会の発会式をした。

発会式には楠本憲吉の講演をくみこんでいたが、人が来てくれるかどうか気が気でなかった。世話人の植草たちといっしょに用意をすませ、待ちうけているのに、ぽつりぽつりとしか来てくれない。窓から外を見ながら、もう人が少なくても始めるより仕方がないと思い始めたとき、いっせいに集まりだした。世話人の一人が、思わず言った、

「何か別の会があるんじゃないでしょうね」

みんなで顔を見合わせて笑い、ほっとした。集会室は満員になり、市民の暖かい目と熱い期待のなかで、図書館友の会は正式に発足した。昭和四十三年十月のことである。

製本講習会の講師には、調布に住む製本業倉田重夫に来てもらった。倉田は職人気質のかたまりのような人で、本が好きで技術に誇りを持ち、そして研究熱心だった。講習会の何カ月か前にひょっこり私を訪ねてきて、ブックカバーを作りたいので、いろいろ教えてほしいと切りだした。日野では初め農業用ビニールシートを使ったが、そのころは、輸入されるようになったドイツ製のものに切りかえていた。この製品は非常によく作られていて使いやすかったが、値段が高いのが玉にきずで、私も日本でもっと安い製品がつくれないものかと思っていたから、倉田にあれこれ注文をだした。

それからの数年間、倉田は、「新製品ができましたので、ちょっとご覧に入れたいのですが……」と言ってはサンプルを持ちこみ、実際に使ってみた結果をきいてから帰っていった。あるときは接着剤が強すぎて、どこかがちょっとくっつくと、もうはがせなくなり、貼りにくかった。あるときは接着剤が徐々に紙にしみこんでいって、ラベルを半透明にしてしまった。フィルム素材にも問題があった。なめらかすぎて、五、六冊積み上げると、すべってくずれてしまったり、夏にかけたのが冬になると縮んで表紙をねじ曲げてしまったりした。

倉田は、素材に何かを混ぜたり、厚さを変えたり、しわをつけたりした。接着剤も持ってくるたびに違うものを塗ってあった。なかなか思うようなものができず、そのうち競争相手もあらわれ、相当苦労したようだが、倉田一流のねばりでとうとう図書館に信頼される製品を作りあげ、いまはブックカバー会社の社長になって、業績もいいように聞いている。最近、この原稿を書くために、忘れてしまった小さなことを電話で確かめたら、

「ついでですが、面白い新製品ができましたので、そのうちご覧にいれにうかがいたいのですが」

と、少しせきこんだようなかすれ声が返ってきて、タイムトンネルで一挙に二十年前にもどったような気がした。

図書館協議会の委員は、図書館法である程度資格が決められているので、図書館について何の意見もなく、図書館を使ったこともない人たちがなることが多かった。日野では利用が増えるにつれ、なるべく熱心な利用者に委員になってもらうように努めた。ある協議会のとき、古谷委員長が言った、

「こんな事務的な話ばかりでは、何のための協議会か分らんから、やめたらどうか」

それから私は、努めてどんなことでも話題にするようにした。私の恥になるようなことでも、身うちに相談するような気持で持ちだした。すると、会が生きいきし始め、図書館のことばかりか、日野のこと、日本のことにまで話がはずむようになり、委員の出席率が高くなった。おかげで、ある年の市議会決算委員会で質問された、

「図書館協議会の委員報酬が、こんなに高い執行率で消化されているのはおかしい。ごまかしているのではないか」

役所の委員会や審議会についての常識では、考えられないことだったのだ。

植草たちにも委員になってもらったら、いつのまにか半数が女性になっていた。女性の委員は、数が少ないとあまり発言しないが、半数ということになると、それまで発言しなかった人も話しだし、それにつられて男性委員もしゃべりだして、ますます面白くなった。

昭和四十一年三月、視聴覚ライブラリーの所属をめぐって、教育委員会の事務局内で論議があった。私は、当然、資料を収集し利用してもらう図書館に所属させるべきだと主張した。また七月には、福祉センターという一種の集会施設が建ち、その一室に作られた図書室の運営について、市役所内部で打合せがあった。私は今度も、図書館システムの一部である分館として運営すべきだと主張した。この図書室は狭いうえに二階のいちばん奥にあって、けっして利用しやすい施設ではなく、私の考えている分館にはほど遠いものだったが、自治体が市民に資料を提供するための施設はすべて図書館であり、どこにどんな形で作られようと、それはシステムとしての図書館の一部でなければならないと思って、そう主張したのである。

最近、〇〇センター、〇〇会館などという施設が作られ、そこに図書室が置かれる例が多いが、たいていの場合、それらの図書室は別の組織の一部として運営され、実に無駄な働きをしている。また、縦割行政の弊をなくすと称して、コミュニティセンターを作り、そこに集会室や図書室を設けて、ここにくれば何でもできて便利だと宣伝する。だが、これは中途半端な機能の寄せ集めで、図書館のような専門的な仕事の多いサービスは、特に役に立たないものになる。また、集められた機能が互いに助けあうより邪魔をしあう場合が多い。相乗作用があると言われるが、相殺作用のほうが大きい。

日本では、勤労青少年センター、福祉センター、児童館など、市民を階層で分けた施設と、コミュニティセンターなど、何もかもを一つにまとめた施設を作ることが流行している。いったい何をするところなのか、職員にもよく分らないようなものがばらばらにできている。階層別の施設は、為政者がその階層に対する理解のほどを示す記念碑であり、いろいろな機能をもりこんだ大伽藍も、同じく為政者のデモンストレーションの一種だろう。そしてコミュニティセンターは、地域ごとに何でもできるという安直な施設にすぎない。

日野でもその後図書室のある○○センターがいくつか作られた。作られた以上、すべてを図書館の分館として運営するよりほかはなかった。午後だけに開館し、職員一名とアルバイト一名を置いて、蔵書の少なさを本の新鮮さと職員の専門能力でおぎない、それぞれ五万冊前後の貸出しを記録した。

図書館界の反響

昭和四十二年四月、東京都知事に美濃部亮吉が当選する。だが、そのことが図書館に影響を与えるのは後年のことである。ベトナム戦争はますます激しくなり、由比忠之進が首相の北爆支持声明に抗議して焼身自殺した。翌年には、東大や日大で全共闘が結成され、安田講堂の占拠と排除が行なわれる。東京の府中市で三億円強奪事件がおき、イザナギ景気のもとで、カラーテレビが普及する。

日野市立図書館の仕事と成果が認められはじめ、昭和四十二年八月、日本図書館協会が日野を調査し、その報告を機関誌「図書館雑誌」に載せようという企画があらわれた。有山に話すと、図書館の世界で苦労した人らしい返事が返ってきた、

「まだ早いなあ。基礎がしっかり固まってからじゃないと、つぶされる恐れがあるよ。嫉妬ほどこわいものはないからなあ」

その雑誌の編集委員でもあった私は、もっと後にしてほしいと頼んだが、結局、日本の図書館を変えるために、いま報告することが必要だという多数意見に押しきられてしまった。

六人の調査委員は日野市立図書館の業務を詳しく分析し、その意味をよく理解してくれた。

有山が市長だから何でもできるのだという皮相な見かたの誤りを指摘したうえで、その存在が大きな力になっていることを正しく評価した。また、こう書いてくれた。

日野市立図書館を訪れてまず感ずることは、その生気に満ちた職場の雰囲気である。そこには、活動している館だけがもっている職場の活気があり、誇りがあり、明るさがある。

調査委員と私たちに有山も加わった座談会も開かれ、そこで有山は次のように言った。

図書館から市民に要求するのじゃなくて、市民に対して規制するんじゃなくて、つまり市役所の立場からこういう規則でこうしたという考え方でなく、市民が要求するから市役所のほうが逆に変っていくのだという、コペルニクス的転回というのが必要である、そういう意味で私たちは図書館の場合も、図書館がこうだから市民に納得していただくというのじゃなくて、市民がこういうふうに欲しているから、図書館はこれに対応すべきだと思うんですよ。

「いま日本の図書館界は、何回目かの夜明けを迎えようとしているといわれる」という書き出しの報告特集「これが公共図書館だ」は、多くの読者にさまざまな感慨をもって読まれた。手ばなしで歓迎されたということではない。日野の方針や予算、サービスが、それまでの図書館とあまりにも違っているため、とまどいと羨望、やればやれるのだという勇気と確信などの入り混じった、複雑な反応がほとんどだったのではなかろうか。もちろん、有山の心配した嫉妬もあっただろうが、皮肉をこめた反響が多少あった程度で、はっきりした形では現われなかった。

しばらくしてから、いくつかの批判があった。遠まわしで、いつでも逃げられるように工夫されたいじましい批判は論外で、ここでは二つの真正面からの批判をとりあげよう。

西宮市立図書館の館報が、最初は無署名、二度目は館員の名でこう書いた。

> 本館（西宮市立）の自動車文庫は、東京の日野市が全域サービスの徹底として「いつでも、どこでも、だれでも、何でも」貸出そうと分館は勿論、移動図書館もすべて〝個人貸出〟を採用しているのとは違い、都会生活の欠点は住民の社会性不足にあるとして、グループ内及びグループ間の社会化を計《ママ》る目的で、グループ貸出制度を採用している。
> グループ制の長所である次の理由、すなわちグループの自主的運営を通じての成人教育の可能性をあげたい。個人貸出では育ちにくい読書サークルの結成及びグループ内での読書運動をおし進めるなかで、都会生活に欠けている人間同士の心の触れあいが期待されるからである。

「住民の社会性不足」という言葉にあらわれている傲慢なあいまいさ、「読書運動をおし進める」「人間同士の心の触れあい」などという空虚な美辞麗句、それらがどれほど市民を苦しめ、図書館を市民から離れたものにしてきたか。グループ貸出しをおしつけておいて、「自主的運営」という白々しさ、「読書サークル」や「グループ内の読書運動」を強制することによっての自主性のぶちこわし、このようなサービスが市民の自立と連帯をどんなに邪魔してきたか。それから二十年もたったのに、このような考え方はいまだに清算されていない。

昭和四十一年の秋、東京で図書館大会が開かれ、私は日比谷図書館で持たれた分科会に出席した。司会者の指名で日野の情況を簡単に説明したら、小田原市立図書館の某氏が発言を求め、いきなりこう言った、

「日野市立図書館は図書館ではありません」

一瞬、しらけた空気が流れ、私は反論すべきかどうか迷ったが、こんな人には何を言っても仕方がないと思って黙っていた。会場の雰囲気を察した司会者が話題を変えたので、某氏の発言は展開されずじまいになった。

私は、「日野市立図書館は図書館ではない」と言う人に問いたい。「ではいったい図書館とは何なのか。誰のために何をするところか」

これらの批判は氷山の一角にすぎなかったのだろう。現在でも日野の方向と方法への反対論はなくなっていない。西宮と小田原に特徴的に現われていたように(西宮はその後変った)、反対論には大きく分けて二つの流れがある。

一つは、図書館の働きによって住民を教育しようという考えからのものである。こういう考えの人たちは、グループづくりを目的にし、人々が読みたいとも思っていない本を配って読書普及をはかろうとする。社会性の不足した住民や、本を読まない人々を善導するのが図書館の使命だと思っている。

もう一つは、多くの住民に利用してもらうよりも、一部の知識人にサービスするほうが重要だという考えで、より高度なサービスをすべきだと説く。しかし、実際は学生の勉強部屋になるだけで、肝心の知識人を含めて、誰からも期待されなくなっている。住民の読書は図書館に触発されて拡がり、図書館の本によって向上するものだということが分っていないから、住民を固定してとらえ、それを二分して一方を切り捨ててしまうのである。

図書館は本と人が出会う所である。市民はみずからの意志でやって来て、みずからの考えで本を選ぶ。そして、本から何を読みとり、何をしようが、図書館は関知すべきではないし、できるものでもない。

図書館員のすべきことは、市民が本来もっている向上心と知識欲にこたえられる本をそろえ、市民の求めに応じて本の案内をすることである。この仕事は、ある方向に人々を導こうとするよりはるかにむつかしく、本質的な意味で教育的なものである。

現在でも、資料提供や貸出しに対する批判は、繰り返し現われる。言い方は二つあり、一つは「無料貸本屋」という侮蔑である。これは、「貸出し」→「貸本」→「貸本屋」という連想によって、全く違うものにすりかえ、中身のない言葉を本質的な批判のように見せかけるごまかしである。図書館は、たとえ利用者が少なくても、立派な本を用意して、市民と本が出会えるようにしているが、貸本屋は貸し賃でもとがとれるような本しか置けない。また、貸本屋と軽蔑をこめて言うが、なかには立派な貸本店もあり、尊敬すべき貸本店主もいる。のちほどこのような人に登場してもらおう。

第二は、「貸出しするだけが図書館ではない」「もう貸出しだけをする時代は終った」という言い方である。貸出しだけしかしていないなどと、誰も言っていないのに、まるで言ったかのように決めつけて、それを批判する。自分が作ったお化けを自分で切って、見えをきっているのである。

私は日野の図書館を作るとき、公共図書館の基本的なサービスである、利用者に最も望まれている貸出しから始めて、そこから全体的なサービスを築いてゆくことを、最初から意識的に実行した。これは、移動図書館から分館、中央図書館へという施設の発展とパラレルな、貸出しからレファレンスへ、さらに文化活動へという運動としての図書館運営の実行であった。実行してみて、その正しさが確かめられると同時に、貸出しが完成したらレファレンス、レファレンスが十分にできたら文化活動というものではなく、順序はそうでなければならないが、この三つは重なりあい影響しあいながら発展するものだということが、よく分った。また、このような運営論を作るためには、サービス方法の有機的な相互関係を一つの構造として組み立て、図書館の機能を一つの構造体として認識しなければならないことが分り、私なりにそれを考え、実行によってその正しさを確かめた。

「貸出しするだけが図書館ではない」と言う人たちは、あるいはレファレンスや郷土資料を重視し、あるいは行事を重視する。しかし、彼らはみんな、これらのサービスはバラバラに併存しており、図書館運営は固定した動かないものだと考えていて、運動としての図書館運営についても、図書館と市民がお互いに影響しあいながら発展してゆくものだということも、全く分っていないのである。

「図書館雑誌」昭和四十二年度の「公共図書館の回顧と展望」では、大阪市立天王寺図書館長の森耕一が、日野市立図書館に一節を割き、「職員の血みどろの努力」と「日野の（建物のない図書館という）方法の底を流れている本質的な考え方」に言及し、高知市立図書館長の渡辺進の言葉を引いて、「館界はあんまり小さなこととか、狭いこととか、若干の見解の相違なんてことは言わずに……暖かく見守るべき」であると書いた。そのころの図書館界の空気をよく映しだしていると思う。

日野が一つの点であったことは間違いない。しかし、ぽつりぽつりだった雨が、ぱらぱらと降りだし、いつか豪雨となって地面をうるおすように、日野の働きが全国に燃えひろがることを私は願い、信じようとしていた。現に、そのころには三多摩のいくつかの図書館が、新しい道へのスタートをきっていた。

昭和四十三年二月、「図書館雑誌」は「入館票を廃止しよう」という特集を組んだ。入館票は閲覧を中心としたサービスの象徴で、それによって入館をコントロールしたり、座席を指定したり、無意味な統計をとったりしていた。この特集は新しい時代の到来をつげるものだったが、はかばかしくは廃止されず、昭和六十年代の今でも、入館票のある図書館が残っている。

その前年の三月、私たちは「日野市立図書館　業務報告　昭和40・41年度」を発刊した。蔵書や利用、行事などを羅列した普通の業務報告と違って、私たちの仕事を細かく記録し、考え方がなるべく浮きでるように苦心したものであった。日野市立図書館はそれまでとは違った方法で運営されたが、それがどういう考えに基づいているかを知ってもらいたかったし、日野に対するさまざまな誤解（それは今でもある）を解いて、正しく理解してもらいたかったからである。だから、市民に対する報告ではあったが、それ以上に図書館界に対する説得の書であった。

それから十年後、府中市立図書館の嵩原安一《たけはらやすかず》は次のように書いた。

職員の分担執筆に成るこの一〇〇ページあまりの報告書は、新しい図書館活動を模索する他の図書館にとって、貴重な参考書であった。これほど役に立った業務報告書は、今までになかった。そして、これほど情熱的で、心をゆさぶる報告書は、その後もないのではなかろうか。（中略）

〝図書館とは何をするところか〟ということを、眼の前で市民に納得できるように示し、全国に鮮やかな印象をうえつけた。これが「ひまわり号」に始まる、日野図書館の果した大きな義務の一つである。

当時のわれわれにとって、日野図書館の現場をたずねて学び、詳細な、職員の熱っぽい息吹きの聴えてくる「業務報告」を読み合うことが、活動の何よりの糧であった。絶好のテキストとして、くりかえしくりかえし読み論議した。一節をめぐって、深更まで及んだ日々が、昨日のことのように思われる。多くの館でこのようなことがあったのではなかろうか。（「日野市立図書館が果した社会的役割」、「図書館雑誌」六八巻六号）

私たちが「業務報告」を出したのはそのときだけで、その後は出せなかった。一回だけでは残念でもあり恥かしくもあるが、その報告はのちに復刻され、今も読みつづけられている。

有山市長とその死

私が市長としての有山について書くのは、あまりふさわしいことではない。第一に、私は図書館という窓から見ていただけなので、有山が市の行政全体にどう対処していたかを、すべて知っているわけではない。第二に、有山と私は、市長と職員という普通の関係ではなかった。私は有山のやっていることを遠くから眺め、一喜一憂していた。有山はそれを感じていたのだろう、「前川君は心配ばかりしている」と家族にもらしていたと、あとで聞いた。だが、有山のしたことは、実質三年間の在任期間としては大きかったし、その後の日野に相当な足跡を残していると思うので、私の見聞きした範囲でふりかえってみたい。

有山は、上から何かをしてやるというのではなく、市民の幸せのために、市民の考えにそって施策をすすめようとする姿勢を強くうちだした。職員に対しても、引っぱっていくよりも、自発的な活力を生かそうとした。日野市には、新年に全職員を集めて市長が訓示する慣例があるが、ある年の訓示で、有山は次のように呼びかけた、

「市民のために積極的に仕事をしてほしい。何もしなければ失敗はしないが、何かをすれば失敗することもある。責任は私が引き受けるから、失敗を恐れずに勇気をもってやってもらいたい」

だが、長いあいだに培われた安全第一の風潮が、簡単に変るものではなかった。また、政治のやり方の違いが、前市長で都議会議員の古谷太郎との仲をしだいに悪くしていった。有山が当選したとき、新聞記者が「前市長の影武者だろう」と言ったが、それは有山という人間を全く知らない者の言葉で、有山は独自の道を歩みだした。

まず手をつけたのは、あまりにも大きくなっていた職員給与の格差を縮めることだった。不十分にしかできなかったが、それでも高い給与をもらっていた一部の職員は不満をもらした。人によって微妙な差をつけられていた管理職手当も一本化した。しかし、数年後に私が助役になったとき、おとなしい婦人の課長が、自分だけ管理職手当が少ないと訴えてきて、驚いた私が調べてみると、そのとおりだったので、普通の手当に引き上げたことがある。おそらく有山は、そのもれに気づいていなかったのだろう。

昭和四十一年、有山は工場誘致条例を廃止した。その後、釧路市の山口市長がそれと同じことをして大問題になったが、結局廃止して、自治体に一つの流れを作った。

日野の議会でこの条例の廃止がすんなり可決されたのは、不思議な感じがする。これは有山が保守系の市長であったことと、有山としては当り前のことをするにすぎず、全く気負いがなかったことによるのだろう。有山はそれほどの大問題だとは思っていなかったようである。のちに、「中央官庁のほうが強い反応を示したよ」と言って驚いていた。

家庭の糞尿くみとりを無料にしたときも同じだった。今はどこでも当り前のことだが、当時としては珍しい施策だった。そのときも有山は、「水の供給と糞尿の始末は、自治体の仕事の根本だ」という考えを、素直に打ち出したにすぎなかったのだ。

一度だけ、有山から施策について意見を求められたことがある。私は、老人の医療費を無料にできないだろうかと提案した。私には、長くわずらった母が医療費のことをとても心配したという、つらい経験があったからである。しばらくして有山は、「担当の職員に検討させたら、法的に不可能だということだよ」と知らせてくれた。それから数年後、東京都の美濃部知事が老人医療の無料化を実行し、自治体のほとんどがそれにならうことになる。あとで気がついたのだが、岩手県の沢内村では昭和三十五年からすでに実現していたのである。

有山は、正しいこと、市民のためになることは実行すべきだという方針を貫き、その点では全く頑固だった。その方針はかならずしも地方政治家の賛同を得られず、選挙の支持母体から離反する人さえ出てきた。あるとき、数人の市会議員が有山の叔父に当る順天堂大学学長の有山登を訪ね、あなたの力で何とかあの頑固さを柔らげてもらえないかと頼んだところ、こう答えられたという、

「信念を貫くのが有山家の血筋で、崧《たかし》はその血をいちばん濃く受け継いでいるから、私が言っても駄目です」

有山と一部の政治家の確執はしだいに激しくなり、日野市は他市よりも税金が高いという内容のビラが全家庭に配布された。地方税制についての知識が少しでもあれば、ナンセンスな言いがかりであることはすぐ分るのだが、結局、四人の市会議員が東京都の地方課へ出向いて見解をきき、その報告を市の広報に載せるというお粗末な一幕もあった。

そのころの日野市は人口の急増のために、田園地帯が虫食い状に宅地化していた。有山はある地域の区画整理をしようとしたが、これも反対され、入口のところで足ぶみするばかりで、在任中には実現できなかった。それから十年たって、私の助役時代に、その地域の住民のほうからやってほしいと言われることになったが、家がさらに増えていて、その移転補償などで経費がかさみ、減歩率にも影響するようになっていた。有山が言いだしたときにやっておけば、地主の負担も少なくてすんだのにと思ったが、どうしようもなくなって初めてその気になるのが世のならいで。先見の明のある人の言葉は、なかなか聞いてもらえないものである。

有山はまた、行政施策が場当り的になったり、全体的な整合性がなくて無駄が生れたりする状況をあらためるために、市の基本計画を作ろうとした。役所内に管理職によるチームが組織され、市民代表による計画審議会が作られて計画が練られ、昭和四十三年十一月、「日野市基本的総合計画」が答申された。この計画は、抽象的ではあったが、今後なにをしなければならないかをはっきりさせたことに意味があったと思う。地方自治法の改正によって、自治体に基本構想と基本計画を作ることが義務づけられたのは、その一年後のことである。社会教育の本質は市民の自己形成を助けることだと思っていた有山は、ある種の社会教育に強い批判を持っていた。日本の社会では、「国家や官権という『お上』の手によって、欧米の社会の形式的模倣が官製的になされた」と見る有山は、さらにつづけてこう書いている。

この歴史的経過と後進性の残滓《ざんし》は、社会教育の分野にも根強く支配している。日本の社会教育は、民衆の自己運動として民間的に展開されたことは殆んどなくて、官製運動としてお上の手によって音頭をとられて来た。社会教育の関係者の多くは、今日なおこの伝統の殻を脱し切れず、民衆を指導するための行事日程表の作成と集会の器用な司会者業に専念している有様である。このような民衆不在に気付かない石頭こそ、今後の日本の新しい社会形成に大きな支障になるだろうと予測される。（中略）

市長や議員の文化的理解度を誇示するためかまたはその他の世俗的配慮のためか、地方都市に行ってみると、余りにも周囲からとびはなれた立派な市民センターや文化会館が建てられているのをよく見受ける。私はそれをみる時いつも、自分が文化運動の一端をしていながら義憤のようなものを感じた。こんな立派なものを市の中央に一つ作ったとして、果たして市民にとってどの位役に立つだろうか。田畑や山の多い合併市において歩いて一時間、バスを利用しなくては集って来られない市民センターを作っても、それが何千人入るとしても、普段は営利興行の用に供されるのが落ちである。（「市政と社会教育――日野市の場合」、全日本社会教育連合会「社会教育」昭和四十二年七月号）

この方面で有山がまず手をつけたのは、地区センターの設置であった。日野には以前から町内会組織があり、たいていの地域には町内会館があった。そこへ新しい住民が入ってきて、ときには町内会の範囲をこえるようなさまざまな催しをするようになり、誰が何に使うのかで摩擦が絶えなかった。

そこで有山は、次のような方針をうちだした。

一、町内会館は市に移管して地区センターとする。ただし強制はしない。

二、集会施設のない地区には、市が地区センターをつくる。

三、地区センターの経費は市が負担する。

四、地区センターは、市民であれば、誰が何に使ってもよい。

新旧住民の摩擦をやわらげ、新しい開かれた地域社会を作るきっかけにしようとしたのである。この方針は今も守られ、ねらいどおりの働きをしている。

次に、市役所の機構を改革し、社会福祉推進本部室と資料室を作った。前者は、社会教育課と福祉課の仕事を調整して、行政を市民の立場から考えるためのものである。二つの課はそれまで、似たような施設を作り似たような行事をして、市民を迷わせていたのである。後者は、行政を科学的なものにするために、つまり、職員が勉強し、施策を資料にもとづいて立案できるようにするために設けられた。いかにも有山らしい発想だったが、二つの室とも有山の意図のようには働かず、担当職員もその目的を十分には理解していなかったようである。

昭和四十三年の秋、副館長の鈴木が社会福祉推進本部室に異動したが、有山は動かない機構に活を入れようとしたのであろう。鈴木は約三年間、図書館にいたことになる。

昭和四十三年の冬、有山は胃潰瘍だということで手術をし、一時、職務に復帰したが、また入院してしまった。

そのころ、社会教育協会という団体が、日野市に「社会教育センター」を建て、行政とはひとあじ違う社会教育をしたいと提案してきた。市では土地を提供して受け入れることになったが、市民の中から反対運動がおこった。「あの協会は、センターを財界の寄付で建てようとしている。きっと財界寄りの社会教育をするだろう」というのがその理由だった。そんな心配はないことを市の広報などで説明したが、なかなか納得してもらえないので、ある日の夜、反対運動のおこっている地区で、市民と市の対話集会を開くことになった。二百人くらいの市民と市の幹部職員が出席し、私が司会をすることになった。できるだけ公平に、あらゆる意見が述べられるように努めたところ、大多数の人が賛成だった。会が終ると、市の職員は、よかった、これで建てられると言いあった。Y新聞の記者が取材にきていたので、翌日の新聞を見てみたら、なんと、大多数が反対であったかのように書かれていた。それ以来、私は新聞記事を疑いの目で見るようになった。

昭和四十四年三月、社会教育センターが着工したころ、有山は市立病院で亡くなった。癌であった。市の行政については、やりたいことを十分にはやれないままの、日本の図書館についてはそれが変るのを見られないままの死であった。ただ、日野市立図書館が、有山の考えたような形で市民の支持をえているのを見届けてもらえたことが、私にとってせめてもの救いだった。有山だけでなく何人もの人が、図書館の発展のために心血を注いで、その果実の実るのを見ないままに亡くなった。私は今でも何か苦しいことがあると、そういう先達のことを思いうかべ、彼らを裏切ってはならないと、自分を励ましている。

有山の市葬から帰るとき、ある市会議員といっしょになった。有山と鋭く対立していたその議員は、表情とはうらはらな言葉を口にした、

「有山さんは気の毒だったよなあ」

私はあいまいな返事をしながら、容易でない前途を感じとっていた。

試練をこえて

ありのままの現実

有山が死んだ四十四年は、一月に東大講堂やお茶ノ水駅で全共闘の学生と機動隊が衝突し、十二月に、東京都が老人医療費の無料化を実施した年である。そして、東名高速道路が開通したのもその年であった。

有山の市葬が行なわれたころから、次期市長候補がとりざたされていたが、立候補したのは保守の古谷栄と社会党の石川佐太郎ほか四人だった。古谷は都議会議員を引退してからは、日野の図書館協議会委員長だけをしていた。

選挙運動中、住宅供給公社の団地で移動図書館を店開きしていると、古谷の車がきて演説をはじめた、

「私が当選したら、日野市の財政力を豊かにするとともに、国や都からも最大限の資金を獲得したいと思います。問題はその収入をどう使うかであります。市立図書館は一般会計予算のたった一パーセントしか使っておらず、しかも非常に大きな仕事をしています。私は市役所全体が、図書館のように効率の高い仕事をするようにしたいと思います」

「たった一パーセント」――当時、日本の図書館で、そんな予算をもっているのは日野だけだった。予算の少ない図書館は、市民からも無駄なものと見られ、予算がある水準以上の図書館は、市民にとってなくてはならないものになる。これが図書館の予算の本質なのである。

古谷の言葉は、移動図書館を取りかこんでいた団地の住民へのリップサービスかもしれないと思ったが、利用者の一人が、立会演説会でも同じことを言っていたと教えてくれた。

選挙の結果、古谷が当選した。初登庁後しばらくして、各課長が懸案事項を新市長に説明することになった。そのとき、古谷は私にこう言ってくれた、

「有山さんは、自分が図書館人だったから、図書館のことでは遠慮していたが、私は遠慮しなくていい立場だ。君も今までどおり頑張ってもらいたい」

古谷は日野保守政界のエースで、有山を市長にするのに力をかして引退していたが、その有山が亡くなってしまったので、やむなく現役にカムバックしたのである。堂々たる恰幅は人に威圧感を与えるほどで、予算説明のとき、ある課長が震えていたなどと聞くと、さもあ

りなんと思えるようなところがあった。しかし、笑うとまるで子供のような顔になった。市長室ではいつも本を読んでいて、机の上には数冊の本や雑誌が積んであった。秘書課長にハンコをあずけて書類も選ばせ、鉛筆でチェックして決裁した。市民とは必要のあるときだけ会い、やたらに対話とか市民相談というようなことはしなかった。挨拶は実に短く、そっけないくらいであった。

古谷市長は、社会福祉推進本部と資料室を廃止して企画室に統合し、財政も所管させるようにした。この改革は当然、庁内に有山市政の終りを印象づけた。有山が市長だったときには私にまで近づいてきていた人が、まっ先によそよそしい態度をとりだした。

図書館の予算折衝のときも、冷たい態度で高びしゃな言い方をされるようになった。まず、議会である革新系の議員がした質問のコピーを、「これを覚えているだろう」と渡された。それは図書館に冷やかな発言で、他の議員はかならずしもそんな言い方はしていなかった。また、その発言をめぐっては討論されなかったのに、その部分だけを取りあげると、いかにもそれが議会の空気だったように見える。

「そういう意見もないことはありませんが、図書館がどんなに市民に喜ばれているか、議員さんは知っていると思います。団地などでは本が足りなくなって、別の車で補充しなければならないくらいです」

「団地か。団地の奥さんたちは見栄で借りているだけで、読んでなんかいないだろう」

こんなことを言われると、私は頭に血がのぼって、言葉がとっさには出なくなる。ぐっとこらえていると、私の横で予算説明の順番をまっていた教育庶務課長が言ってくれた、

「ラベルをはった本を並べていても、見栄にはならんでしょう」

とにかく押し問答になるだけで、事情を聞いてやろうという気配は全くなかった。次年度の図書費は一〇〇〇万円から八〇〇万円に下がった。

有山が死んで力が落ちたと思われた私は、ありのままの世の中が見えるようになった。特に日野市役所はその点ではむきだしで、それまでは聞けなかった本音が聞けるという利点もあった。

市議会が開かれていたとき、議場近くの職員控室で、ある部長が聞えよがしに言った、

「本を読んだって、人は幸せになるもんじゃないよ」

私も違う意味でそう思わないでもないが、つづけて彼が、

「おれは、本を読まなかったから偉くなれた」

と言ったとき、私は反射的に、

「部長は自分を偉いと思っているんですか」

と言ってしまった。部屋じゅうに息苦しい空気がただよい、私は後悔した。それからも、

その部長とはどうもソリが合わなかったが、仕方のないことだった。

日野という土地柄は、良い意味で率直なものの言い方をするところがあって、ときには乱暴だと思われるようなことを平気で言う。たとえば、日野に移ってまもないころ、八百屋に行った妻が、「これください」と大根をさし出したら、「これだけ？」と言われたと驚いていたが、慣れてしまえば何でもなくなり、口だけの優しさに比べれば、はるかにやりやすかった。私もだんだん日野風になっていったのであろう。四国から来てもらった矢野に、ときどき、「館長は、みもふたもないことを言う」と言われた。

だから、多少乱暴な言い方をされても平気だったが、図書館の仕事を馬鹿にされたり、私や職員の努力を嘲笑するような態度をされるのには、とてもつらい思いをした。

ある年の予算の事情聴取が行なわれたとき、図書費をどうしても上げてもらわないと、急増する利用にこたえられないと説明すると、こう言われた、

「館長は余計なことをやっている。管理職は与えられた人員と予算で、いかに良い仕事をするかを考えるべきだ。余計な仕事をするための予算などないよ」

「余計な仕事ですか。一度、移動図書館についてきてください。子供たちが本を奪いあうようにしていますよ。大人でもそうです。みんなどんなに本を読みたがっているか、見にきてくださいよ」

「ふうん、どうせくだらん本だろう」

カニは甲羅に合せて穴をほるとはこのことか。別のときには、日野の図書費は全国一じゃないかと言われたので、人口当りにすれば日野より多い所があると実例をあげたら、こう言われた、

「そんないい所があるんなら、あんた、行ったらいいじゃないか」

私はこんなことを言われると、すぐには反応できないたちで、激しくつきあげてくる怒りをおさえるのがやっとだった。

「あなたが市長じゃなくてよかった。市長に言われたのだったら、私は辞表をださなきゃならなかった」

しばらくして、一所懸命、感情をおさえながら言った。しかし、顔色が変っていたのだろう。相手も、まわりにいた課長と係長も目をそらした。

このように、図書館は市にとって余計なものだ、市民がまともな本を読むはずはないと考えて、図書館を侮辱する人がいた。もちろんこういう人ばかりではなく、私を助けてくれる市の職員もいたが、今でも町によっては似たようなことが行なわれ言われていることだろう。当時の日本の図書館はすべて、このような状況にとりまかれていたのだが、新しい道を拓いていた日野の図書館がそういう反応を受けたのは、当然のことと共言える。しかし、私には

相当こたえることであった。

私は一枚の写真を思い出す。それはアメリカの黒人運動指導者キング牧師が、二人の男に首すじを押えつけられて引きずられてゆく写真である。そのころ、私はこの写真を雑誌か本で見て、こんな立派な人物がこんな辱しめを受ける、いや、立派であればあるほど受ける辱しめも大きいのではないかと思った。もちろん、私の仕事はキング師の事業とは比べようもなく小さなものだから、私の体験も小さなものでしかない。その後も折にふれてこの写真を思い出すが、つらい思い出が集中しているのはその時期である。人事についても似たようなことがあったが、書きたくない。「ブルータス、お前もか」とうめくようなこともあった。

このような状況のもとでも、サービスの現場は全く別世界のような活況を呈していた。私は利用者に励まされ、とにかくこの活況を何とか維持して、市全体が図書館を求める人々を無視できなくなる地点にまで、ぜひ到達しなければならないと思いつづけた。

幸い、そのころから、市民の声が新聞などに現われはじめた。子供の本が高いと嘆く投書を新聞で読んで、この人の町には図書館がないのだろうと気の毒に思っていたら、数日後、同じ新聞に次のような投書がのった。

童話の本の高いことを嘆かれ、将来への大きな可能性を秘めている子どもたちに、魔法のツエで世界中の童話の本の値段を、タダに書換えてしまいたい…といわれる「声」

（一九日付）を読み、感無量です。

私たちの住む日野市には、その魔法のツエがあります。おかげで市民はタダで思う存分読書ができ、大人も子どもも一人四冊まで二週間借りられます。その期間に読切れない場合は、さらに二週間の継続ができます。市内には三カ所の図書分館と都電を改良した児童専用図書館と移動図書館「ひまわり」号が市内を巡回して便宜をはかってくれます。読みたい本は希望すれば、ほとんど手に入り、高くて個人ではちょっと手が出せない本でも楽に読み、観賞することができるので大助かりです。

わが家の家計簿からは本代の費用が消え、その上、狭い家にツンドク本もふえず、結構ずくめです。まして三人の子どもたちは、一生を通じて心の刺激と、かけがえのない財産をつむことになるでしょう。（主婦、山口生子）（「朝日新聞」昭和四十四年十一月二十四日「声」）

もう一人の利用者の声を引こう。

或る日私は、「ひまわり号」がくるのを仕事をやすんで待った。そして予定時間より早目に巡回場所に行ってみた。そこにはもう子供等が二、三人、本を小わきに立て札の前に並んでおり、彼らがよんだ本の話、よみたい本の話をしながら、今か今かと待っている。子供の手をひいた母親も、買物かごを片手にボツボツ集まってくる。（中略）

いよいよ「ひまわり号」は到着し、係の人が貸出返却デスクを準備する間もなく、行列ができた。そこで私はまた一つのことを知った。それは、この図書館では、欲しい本が見当らなかった時リクエストの制度があるということである。これは私にとって嬉しいことであった。欲しい本を、この東京のどこにあるのか、どこで借りられるのか探すのは大変なことである。早速リクエストカードに、戦後間もなく出た、戦争の記録文学・筑摩書房刊・臼井吉見編を記入した。すると府中図書館だったか、日比谷図書館だったかから借りて下さったのである。しかも、その本が入手出来た時その旨電話で連絡があった。よろこんで借りに行くと、借りた本のカバーの上に、もう一つ新しいジャケットがつけられ、日野図書館に所蔵がないので、他の図書館から借りたこと、だから大切に取扱い、返却期限をまもってほしいことが記入されていた。私は、嬉しかった。サービスとはこういうものかと思うと同時に、読みたいと思っていた本をわずか二週間で手に得たよろこびで、どうしてこれを大切に扱わずにいられよう、また、返却の期限も当然まもるであろう。こうして私の図書館通いが始まった。(土岐尚子「日野市立図書館を利用して」、「丸善ライブラリーニュース」八三号)

利用者についての思い出も、楽しいものばかりではない。団地内の駐車地に、毎回本を借りにきていた十七、八の女の子がいた。その子は近くの食堂で住込みのウェイトレスをして

いたが、ある日、貸出券を差し出して言った、

「もう借りられないから、これ返します」

「どうしたの。どこかへ引っ越すの」

「いいえ、店の主人が本を読んだらいかんって言うの」

あきらめきった顔をして帰ってゆく後ろ姿が、私の胸をしめつけた。その店に行って、主人にかけあおうかと思った。だが、私は何もしなかった。その子の立場が悪くなるのではないかと思ったのだが、私に勇気がなかったからかもしれない。今でも、あのときのことを思いだすと、後悔と憤りで叫び出したくなる。あの子はもう中年だろうが、幸せになっているだろうか。

貧しく地位もないあの子のような若者たちが何かを求め、本を読もうとするのを止める大人たちがいる。自分は学ばないで、学ぶ者を警戒する小権力者たちがいる。日野のある市会議員が私に、冗談めかしてこう言った、

「みんなをあんまり賢くしてもらうと困るんだよなあ」

人々が賢くなり知識を持つことを恐れる者たちが、図書館づくりを陰から妨害する。自分の貧しい精神の枠内で人々を指導しようとする者たちが、図書館の発展を喜ばず、人々を図書館から遠ざける。

初めての建物――児童図書館

古谷市長になってまもなく、図書館友の会の総会が開かれた。選挙前まで図書館協議会の委員長だった市長も、役員の希望にこたえて出席し、挨拶してくれた。そのとき、数人の会員が、図書館の職員がどんなに激しい労働をしているかを具体的に話し、職員の増員を訴えた。こういう場で陳情めいたことを言われると、私が言わせているように取られかねないと思ってやきもきしたが、市長は何もかも分ってくれたようだった。

それから何ヵ月かたったころ、職員課長から電話があった、

「市の水道が都に移管されることになりましてね、労務職員が余るんです。市長から言われたんですが、何人かを図書館に異動させましょう」

私はちょっと考えてから答えた、

「とてもありがたい話なんですが、図書館に必要なのは司書でして、誰でもいいというものではないんです。何人かとのことですが、その人数、司書を増やしてください。いますぐというわけじゃなくて、少しずつでもいいんです」

市長のせっかくの好意を断わるのは気がひけたが、こちらの考えを分ってもらわねばと思ったのである。職員課長は言った、

「人を増やしてやるといって断わられたのは初めてだ」

昭和四十五年度に八〇〇万円に落ちた図書費は、四十六年度には一二〇〇万円に回復し、それ以後、一九〇〇万円、二〇〇〇万円、二二〇〇万円と上がっていった。市民の支持と市長の姿勢のおかげである。市役所内の空気も少しずつ変ってきて、有山の死後、私によそよそしい態度をとり、高びしゃな物言いをしていた人たちのうち、何人かの目先のきく才子はもう一度態度をひるがえした。

図書館友の会から、何か勉強会をしたいが、どうすればいいだろうと相談を受けた。いいかげんな読書会などではなく、本格的な勉強をしようということになり、何年かかってもいいから『万葉集』を全部読むこと、講師は実践女子大学の三谷栄一教授に頼むことに決った。三谷先生は快く承知してくれ、勉強会は延々と続くことになった。朗唱から始まって、一首の解釈に三十分もかけることもあり、受講生は中年の婦人ばかりだったが、まるで大学生になったようだと喜んだ。

あるとき、友の会の活動を聞いた社会教育課の職員が、社会教育団体の登録をして、補助金をもらったらどうかと言ってくれたので、役員に伝えたら、彼女たちは口々に言った、

「私たちは好きでやってるのよ。世のため、人のためじゃなくて、自分のためよ。だから、自分でお金を出すのが本当でしょ。何でこんな団体に補助金を出そうなんて言うのかしら」

「そうそう。必要なお金は自分たちで持ちあっていきましょ」

その後さらに、実践女子大学の公開講座を図書館友の会との共催にしたらというアイディアが出て、大学に伝えたところ、大学も大のりきだった。三谷栄一、塩田良平、木俣修の三教授をわずらわして、毎回、大講義室が満員になるほどの盛況だった。この催しも、大学は会場を提供するだけで、費用はいっさい受講生の負担でとりしきった。

人々は何かを求めている、良いものを提供すれば来てくれる。友の会の役員たちは自信をもった。公開講座は、その後、二回行なわれた。

友の会はいろいろな勉強会を開いた。日野の歴史を学びたいという声がでたときには、私が日野史談会の会長だった神主の土淵英夫に講師を頼みに行った。とても喜んで引き受けてくれたので安心していたら、断わりたいという電話がかかってきた。理由を尋ねると、言いにくそうだったが、やっともらしてくれた、

「史談会の役員の中に、団地のおばさんが日野の歴史を勉強するなんて、という意見がありましてね」

そんなことでは日野の将来が思いやられると説得したら、それでは役員の一人をまじえて

話し合おうということになり、もう一度土淵家に行った。

その役員は、一種の郷土愛と新住民への反感をあらわにして、おかしな理屈を言いつのり、なかなか承知してくれなかったが、ようやく、史談会会長としてではなく、土淵個人としてならいいということで折れてくれた。

土淵の話は学問的ではなかったが、現在の日野にまっすぐにつながるもので、そのなまなましさが歴史への興味をさらにかき立て、いま日野市が置かれている状況も知りたいということになった。

そこで、次回は市の幹部職員に話をしてもらったが、彼はこんな本音を話した、

「昔から日野に住んでいる者は、長いあいだ税金をおさめてきたが、何も言わずに我慢している。それなのに、きのうきょう移り住んできた者が言いたいことを言う」

ここだけを抜き出すと、現実を理性的に考えていないように、また新旧住民をいっそう離反させる効果しかないように思えるだろうが、全体としてはなかなか聞かせる話だった。

日野という町は、わりあい生きいきと本音を出し、面白いことも多い所だった。あるとき、図書館について聞かれることはあまりないので、議会の本会議に出席しなかったら、「君がいないと何となくさびしいから、あしたからは出るようにしなさい」と、議長から電話がかかってきた。恐縮もしたが、「何となくさびしい」にはまいってしまった。

そのころの助役は、都庁を退職した他市の人がなっていた。その助役が、ある日、私を呼んだ。

「君は図書館長でいるかぎり、いつまでたっても課長職だが、それでいいのかね」

「私は図書館長であることがいちばん幸せですから、ほかの仕事をする気はないし、できもしないと思います。このままにしておいてください」

すると、助役が急に、少し興奮した口調で数人の部長をこき下ろしはじめたので、何で私にこんなことを言うのだろうと戸惑ってしまった。あとで考えたのだが、助役は私に言いたいことが率直に言えず、少し本筋から離れたところで感情をぶちまけたのだろう。

図書館には、向い風だけでなく後ろから吹いてくる冷たい風もあった。有力議員の一人から電話がかかってきて、本の買い方について市議会で質問したいので、資料がほしいと言われた。持っていって説明しているうちに、書店に何もサービスをさせていないと誤解して、意地の悪い質問をしようとしていたことが分ってきた。詳しく説明して誤解もとけ、質問は取りやめということになったが、どこかから誤った情報を吹きこまれたらしい。

「そんなこと、どこから聞いたんですか」

「うん、まあいいよ。結局、やきもちさ。やきもち、分るだろ」

図書館の利用は、こういう現実の中でも増えつづけた。貸出冊数は昭和四十四年が四六万冊、四十五年—五三万冊、四十六年—六三万冊、四十七年—六四万冊、四十八年—七五万冊と着実に伸びていった。人口一人当りでは、他を大きく引き離して日本一だった。

だが、私は数字のうえで日本一になりたいと思ったことは一度もない。日本一と言われることがかえって恥かしかった。にもかかわらず、貸出冊数の重要さを強調したのは、貸出しの重要さが分らずに学生の勉強部屋になっている館が、「数が多いだけでいいのか」という言い方で、自分の無為を正当化しようとしていたからである。図書館は利用の数字だけで計れるものではないし、日本一であるとかないとかは、あまり意味のないことである。私は、貸出冊数という指標を強調することで、日本の公共図書館のサービスを、貸出しを基本にしたものに転換させたいと思っていたのである。

その後、人口一人当りの貸出冊数では、昭和五十二年、置戸《おけと》町や国立市が日野をぬいて日本一になった。私は、置戸の沢田、国立の矢野の両館長が、どんなに険しい道をたどったかをよく知っている。そして二人の館長は、自分たちは日野の切りひらいた道を進んだのだと言っている。

私たちの仕事が図書館の世界に少しずつ伝えられてゆくにつれ、見学に来る人が増えてきた。最初は、桁違いに多い利用が本当かどうか、確かめに来るような人もいた。しかし、移動図書館で貸出しするところを見せると、びっくりして黙ってしまい、そのうちに手伝ってくれ始める。そうなると、それまでの固さがとれて長年の知己のようになり、事務所に戻ってからも話しこんで、帰りの電車を遅らせる人もいた。

現場を見せながら説明して、強い手応えがあったのは、長く図書館に勤め、サービスの低迷を何とか打開したいと思っている館員だった。

「貸出方法を日野と同じにしたいのですが、切り換えるにはどうすればいいでしょうか」

「私たちの図書館では、移動図書館は傍系の仕事になっています。本も本館にはたくさんあるのですが、移動図書館には回してくれません。何とかしたいと思います」

「図書費の少ないことが利用の少なさの原因だということがよく分りました。予算を増やすときには、どういうふうに説得していますか」

「図書館がこんなに市民から喜ばれているのを見て、自信が持てました。帰ってから、自分たちの仕事を再検討してみます」

少しでも多くの図書館が、日野と同じように考え、予算を増やし利用を増やしてくれれば、日野は例外でなくなり、私もやりやすくなると思って、なるべく見学に来てくれた人たちが満足し、私の考えを分ってくれるように努めた。

さまざまな見学者がいたが、役所から異動した館長のなかには、次のように言う人がわりと多かった。

「日野はいいですね。私の町など文化のツンドラ地帯で、図書館に対する要求などありません。それに、市長や議員に理解がなく、どうしようもありません」

さらに、こう付け加える人もいた。

「日野の職員のように働いてくれればいいんですが、うちの職員は働かなくてね」

たしかに私の場合は上司と部下に恵まれていたが、そんなふうに言う館長にはがっかりした。民間企業に、社長や社員、立地条件が悪いから成績があがらないなどと言う管理職がいたら、どうなるだろうか。

もっと困ったのは、日野が建物はなくても図書館としての仕事をしていることを曲解して、図書館サービスは図書館がなくてもできると考え、車と本だけの、司書も館長もいない疑似図書館を作ってお茶をにごす人がいたことである。それは図書館を作りたくない教育委員会の職員に多く、彼らは私の説明の中から都合のいいところだけを抜きだして、日野に学んだと言っていたのである。

しかし、もちろん大部分の人は、まじめに見学して、日野の本質的な意味を理解してくれた。常滑《とこなめ》市立図書館長の原祐三のように、二度も三度も来て、真剣に観察し、尋ね、記録して帰って、それを自分の館に立派に応用してくれた人も多い。こういう人たちからは、その後もときどき手紙がきて、図書館が市民に喜ばれるようになったと知らせたり、見落した点を質問したりしてくれた。

図書館員だけではなく、他市の市民の見学もあった。東村山市の川島恭子のグループは電車図書館を見学し、自分たちの力で同じものを作って運営した。そして、市立図書館が必要だということが肌でわかり、住民運動を起して東村山市立図書館を作っていったことは、市民による図書館づくりの典型として有名である。

見学に来た市民たちは、日野の図書館が今までのものとは違うことを理屈ぬきで分ってくれ、あんな図書館がほしいという声をほうぼうであげるようになった。その声はもちろん日野に近い三多摩地域に最初に現われ、それが力になって図書館ができていく例も少しずつ増えていった。私たちは、日野の考えがこのように拡がっていくのを見るのが何よりも嬉しく、毎日の仕事の励みにもなった。

ところが、日野は市民運動によってできた図書館ではないと言うと、がっかりしたような、それではあまり価値がないというような顔をする人がいた。

市民と図書館の関係は、市民が図書館を作ることに間違いはないが、市民の言うとおりにすれば良い図書館ができるというほど単純なものではない。いまだに図書館に学生の勉強部屋を求める市民がいるし、それが図書館を歪めていることは改めて言うまでもない。日野の図書館が発足したころは、大部分の市民が、図書館は学生かごく一部の市民のものだと思っていたから、図書館を要求する市民運動など起りようがなかった。

日野市立図書館が初めて市民の図書館を作り、それを見た他市の市民たちのあいだから、「あんな図書館がほしい」という運動が起ったのである。日野のような図書館を作れという運動が日野で起り、その結果、日野市立図書館ができたなどということを期待するのは、論理的に矛盾している。

行政と住民の要求は、一方通行ではなく、相互に影響しあうものである。行政が住民の意識を高めるような施策を行なえば、住民の要求も高くなり、それがまた行政の水準を高めるというふうに、良い循環が形づくられる。これが逆だと、行政と住民の要求はともに低くなるばかりで、見せかけだけは立派な、市民の日常生活とは無縁な成果が町を飾ることになる。行政は住民の要求を謙虚に聞いて、為政者の記念碑を建てたり各省庁の成果づくりをすることをやめ、住民に媚びず、住民とともに向上するような施策を行なうべきではなかろうか。日本では、目新しいキャッチフレーズのもと、テレビ映りのよさを狙った、根なし草のような施策は華々しく打ち上げられるが、住民の生命を守り、文化を生活の中に生かすような地味な施策はなかなか行なわれない。これでは、住民の要求も浮わついたものになり、一部の団体の甘えを助長するだけである。

ある日、二人の貸本店主が訪ねてきた。杉並区の大竹正春と徳山市の松村久である。日野の図書館活動をとても喜んでくれ、いろいろ教えてほしいと言う二人に、こんな貸本店があるのかと逆に教えられた。二人とも本が好きで、貸本店の営業範囲で、何とか良い本を読んでもらうよう苦心していた。こまごました独特の工夫にも教えられ、共感して話がはずみ、大図書館のえらい職員と話をするよりはるかに楽しかった。何より本とそれを読む人々への愛情が、話のはしばしからにじみ出ていた。

あとで大竹の店に訪ねてゆき、実際に仕事を見せてもらった。大竹は、読んでほしい良い本はタダで貸しているのである。図書館のことを「無料貸本屋」と言う人たちがいるが、図書館と貸本店に対する二重の侮蔑に気づかないそういう人たちは、ぜひ一度、大竹文庫に行って学んでほしい。松村はその後、出版と古書店をはじめた。

日野市立図書館の唯一の独立館である多摩平児童図書館、つまり電車図書館は、四年たつうちにほうぼうが痛んで汚なくなってきたが、それでも多くの子供たちに親しまれつづけていた。昭和四十五年の終りごろだったと思う、市長が私を呼んで言った、

「電車図書館はどんな様子かね。実は多摩平の子供から手紙が来て、建てかえてくれというんだよ」

子供が市長に手紙を出すとはとびっくりして、大体の利用状況と痛み具合を説明した。市

長も汚なくなっていることは知っていて、こう言ってくれた、

「それでは、建てかえてやりさい。子供たちに喜ばれるような建物がいい」

私は、子供が自分の考えで市長に陳情してくれたこと、それを市長がしっかりと受けとめてくれたことが嬉しく、足が宙に浮くような思いで事務所に帰り、市長の命令を伝えると、職員たちも驚き、喜んだ。

今度もまず、地主である住宅公団の許可を得なければならない。借りる場所は一応、電車図書館と地つづきのあたりと決めて交渉に行った。電車をすえつけるとき、課長に「変ったことをする市だ」と言われていたので、相当難航するだろうと覚悟していた。ところが課長は言った、

「団地の子供は、電車図書館のおかげで成績がいいそうですね」

そして、積極的に相談にのってくれ、そのあたりならどこをどう使ってもいいと言ってくれた。内心、図書館と学校の成績を、そう簡単に結びつけてもよいものかと思いながら、四年前との違いに、ある感慨を覚えた。

職員たちは初めて建物が作れることに興奮して、こんな図書館がいい、こういう点を盛りこもうなどと言いあった。私も「子供たちに喜ばれるような建物」という市長の言葉を思い出しながら、おとぎの国の家のような建物がいいと言って、矢野に笑われた。

いろいろ考えた末、横浜国立大学の建築学科助教授（のち教授）の佐藤仁に設計を頼もうと決心した。佐藤は当時かずすくない図書館建築の専門家で、従来の殻から脱皮させたいと意欲満々だったが、実際に設計するチャンスがないことを嘆いていた。意見はよく聞かれるが、できあがったものは意に反するものばかりで、それでも「佐藤先生に聞いて作りました」と言われるのがつらいとこぼしてもいた。

内意をうかがうと、間接的な形でやってみたいとのことなので、まず建築課長に話をつけにいった。課長は言った、

「そんな先生に頼まなくても、小さな建物くらい、建築課の職員が設計しますよ」

私は『建築学大系』や『建築設計資料集成』の、佐藤が書いた図書館の項を見せて説得した、

「こういう先生が設計するのを職員が手伝えば、いい勉強になりますから」

課長は意外なほど素直に私の意見を容れて、いっしょに財政課長に話をしにいってくれた。おもな関係部課長や市長、助役、教育長の了解もえて、佐藤に設計指導を依頼することになった。

佐藤は、「有山さんにはお世話になったし、日本の図書館を変えていっている日野図書館の最初の建物を設計するのは非常な名誉だ」と言って、引き受けてくれた。私は、小さくて

もいいから職員の休憩室を作ること、できれば開架室内に柱を立てないことだけを注文して、一切お任せした。

佐藤は率直明快な、いかにも男性的な人だったが、設計には非常に繊細な神経をつかい、建物の左右や高さはもちろん、屋根と本体のバランスが、どの辺から見たときにいちばんよくなるかなど、何度も模型を作り直して考えるのだった。できあがった設計は単純そのもので、トイレと休憩室以外には開架室しかなく、屋根は壁で支えるようになっていた。

構造が単純だから施工はかえってむつかしく、佐藤は大手の業者に造らせてほしいと言った。私は担当課長にそのように頼んだが、建設費によってランクがあり、そんなことはできないとのことで、市内の小さな会社がうけおった。できあがったとき、壁が曲っていて、書棚とのあいだに隙間ができる始末だったが、佐藤は、「まあ上出来だ。屋根がしっかり壁にのっていれば、それでいいよ」と笑った。しかし、この小さな児童図書館は、その美しさと、図書館の機能をぎりぎりの容量の中に完璧に収めた構造によって、その後の日本の図書館に大きな影響を与えた。日野市がこの建物を、図書館建築の記念碑として永久に残してくれることを、私は願っている。

昭和四十六年の四月、開館式が行なわれた。一時間も前から子供たちが姿を見せ、中をのぞきこんだり裏庭で遊んだりした。式が始まるころには、図書館の前は子供たちでうずまり、いよいよテープカットとなったが、市長は子供たちにおされてテープが切れない。鋏をかかげて、「危ない、危ない」と言いながら、困ったような顔に嬉しさを隠しきれない様子だった。こんな開館式は職員たちも始めてで、一時はどうなるかと思ったが、無事終ったときには、六年間の苦労がここで大きな山を作ったことを、全員が感じたにちがいない。

式のあと、市長から、「お世話になった人と職員でお祝いの会をしなさい。請求書は秘書課に回すように」と言われ、佐藤や図書館友の会の植草を誘って夕食をともにした。席上、みんなに感謝の言葉を言いかけた私は、気をはりつめていた六年間、優しい言葉一つかけられなかったのに、とにかくついてきてくれた職員一人一人の手をとりたいような気持になり、言葉がつまって挨拶にならなかった。

東京から日本へ

東京都の図書館政策

昭和四十四年一月、東京都立日比谷図書館長に杉捷夫先生が就任した。私は先生が訳されたメリメやモーパッサンを何冊か読んでいた程度で、その学問については何の知識もなかったが、若いころ、先生の評論に傾倒した思い出をもっていた。

ある日、その杉館長が私たちの館に来てくださった。長身でやせた体を黒いオーバーでつつみ、学問がそのまま人間になったような先生が、乱雑でなんの飾りもない、石油ストーブが一つあるだけの事務室にはいってこられると、部屋が一瞬生気をおびたように感じられた。私はこれほど上品な人をあとにもさきにも見たことがない。どうしていいか分らずうろうろしていると、先生はちょっとはにかんだように言われた、

「ほんの挨拶に来ただけで、これから他の図書館へ行かねばなりませんから」

そして、ほとんど話らしい話をする間もなく席をたたれた。挨拶にせよ何にせよ、都立図書館長が来てくれたのは始めてで、しかもそれが杉捷夫その人であることに私は興奮し、東京都立図書館を変えてくれるかもしれないと感じた。

しばらくして、杉館長は学者肌の固い人で、仕事はあまりできそうにないという噂が流れてきた。郵便物も、私信の場合は、自分でポストに入れに行くらしいとのことだった。私は逆に、そういう人なら、図書館のことを理解して、力になってくれるのではないかと思った。

ある日、日比谷図書館での会議のあと、引きつづき国会図書館でも会議があったが、先生も別の会議に出られるとのことで、私は先生の車に同乗した。先生は日野市立図書館の仕事を知っておられ、何か手伝うことがあれば言ってくださいとおっしゃった。私は嬉しくて、日比谷図書館は、市町村立図書館の援助を第一の仕事にすべきこと、一度、市町村立の館長に会って、ゆっくり話を聞いてほしいことを早口で申し上げた。車はあっという間に着き、会場の入口で別れる前にこう言われた、

「そのうち、三多摩の館長の皆さんとお会いする機会を作ってください。出かけますから」

数週間後、先生は三多摩の館長会議に来てくださった。私たちはそれぞれが当面している問題を取りあげ、特に、市民の利用の拡大についてゆけないこと、まだ図書館のない市があること、日比谷図書館の体質を改善してほしいことを強調した。先生は真剣に耳を傾け、ど

こまでできるか分らないが、できるだけ努力しましょうと、誠実に答えてくださった。それまでの、上からものを言うばかりの館長とは全く違う人柄に接し、その人に直接話をすることができた喜びに、私たちは気がたかぶって、先生が帰られたあとも話をつづけ、なかなか散会とはならなかった。

杉館長は、一年半もねばって森博を整理課長にむかえた。森は日野の図書館の発足を準備した社会教育特別委員をつとめた人で、理論家として鳴らしていた。その後、アメリカの大学図書館に勤め、帰国してからは、ある私立大学図書館の事務長をしていた。都庁が管理職を民間から採用することは、きわめて稀だったと思うが、それを実現したこと、しかも森という最も優れた人材を見出したことに、私たちは杉館長の実力を見た思いがした。幸いなことに、そのころの日比谷図書館の幹部には、経験と情熱をもった人がいて、森とともに杉館長を助けることができた。今から思うと夢のような一時期であった。

日比谷図書館は少しずつ変っていった。市町村立図書館に本を貸すようになり、その手続きも官僚的ではなく実質本位の合理的なものになった。杉館長はいつも、自分は素人だからと言って専門職を重視し、専門職の能力を十分に評価していたが、館員の基本的姿勢については厳しく指導した。たとえば、次のように言って、出入りの書店を業者と呼ぶことをやめさせた。

「書店も出版社も、日本の文化を担う仕事をしているという意味で、図書館の同志なのです」

また、研究会などではいつも平土間のいちばん前に席をとり、熱心に発表を聞いておられた。そして若い発表者に対しても、教えてほしいという態度で真剣に質問された。ちょっと試してやろうとか、胸をかしてやろうとかいうのでは全くなく、謙虚でまじめな問いかけであった。先生の質問は初歩的であるがゆえに本質を鋭くつくことが多く、発表者にも参会者全員にも有益な質疑応答となった。なによりも、日本を代表する碩学《せきがく》の謙虚な姿勢が私たちをうった。先生をそのまま表わす言葉がある。

若者たちの、それは同時に自分たちのでもあるわけだが、とくに優れた教育は、説教することではなく、他人に説教してきかせることを、みずから生涯を通じて実践してみせることである。（「プラトン全集」十三巻『法律』森進一他訳、岩波書店）

美濃部知事の選挙公約の中に、都内に小さくても数多くの図書館を作るという一項が入っていた。こういう公約をする知事なら、何か具体的な政策をうちだすだろうと思っていたら、図書館振興政策のためのプロジェクトチームを作ることになったと、杉先生から聞かされた。そして、

「前川さんもチームのメンバーになってくださるでしょうね」

と言ってくださった。

昭和四十四年十一月、知事と都内の公共図書館長の懇談会が開かれた。私たちは事前に、誰が何を言うかを相談し、京橋図書館長の清水正三が東京都全体の状況と区立図書館について説明し、私が三多摩の図書館について説明することになった。

清水は職員の問題にしぼって、専門職制度の確立と定数基準の改正を訴えた。私は、三多摩では利用が爆発的にのびているが、まだ図書館数が少なく、内容が貧弱であること、都の図書館政策を確立してほしいこと、多摩ニュータウンに理想的な図書館を作るべきことを述べた。知事は、図書館は資料や情報を提供するだけでなく、都民のコミュニティ意識を盛りあげるために、集会活動の場を提供して、都民運動の拠点としての働きもしてほしいと私たちに希望した。知事のこの発言が、のちに曲った形で使われ、私たちを苦しめることになるとは、そのときは夢にも思わなかった。

知事はその席上、図書館振興のためのプロジェクトチームについても発言した。チームはただちに組織され、十二月に発足した。このチームには、都庁内の教育、企画、財政、人事、区市町村担当の部課長、それに都立、区立、市町村立図書館の代表が加わった。メンバーの構成を見て、知事の意気ごみのほどがわかった。私は市町村立図書館の代表として加わった。

チームリーダーは社会教育部長の広田だったが、行政側の事実上のリーダーは、企画調整局参事（部長）の児玉工であった。また図書館側は、京橋図書館長の清水正三、日比谷図書館庶務課長の佐藤政孝、それに私の三人が主として説明や主張をした。

最初の会合のとき、児玉が言った、

「私は都庁に勤めてからこのかた、一度も図書館を使ったことがないが、不自由したこともありません」

メンバーの大部分が、自分もそうだというふうにうなずいて笑った。私は前途の厳しさを感じて緊張したが、児玉の言葉は冷たいものではなく、かえって全員がフランクに話しあえる雰囲気を作った。

私たちは、図書館は変った、市民生活になくてはならないものになったと力説した。私はなるべく具体的な例をあげ、市民の声を紹介するように努めた。二度目の会のとき、佐藤が、図書館は誰にでもどこでもどんな資料でも提供するところであると強調した。すると、臨時に出席していた企画室長が言った、

「それでは東京都は乞食の王国になりますね」

私はいまもってこの発言の意味がよく分らない。文字通りに受け取れば、都民を馬鹿にした言葉としか思えない。

何度か討議を重ねるうちに、利用者の声を聞くことになり、日野市などの市民を十人ほど選んで図書館とのかかわりを話してもらった。

「図書館ができて子供が変った」

「図書館のない生活は考えられない」

「図書館を利用していると、税金がちゃんと使われているという感じがする」

「公務員はみんな図書館員くらい親切になってほしい」

こもごも語るひと言ひと言に、訴えたいことが山ほどあるのにうまく言えないもどかしさがにじんでいて、聞く者の胸をうった。この日から、プロジェクトの空気は一変した。思いきった政策を積極的に立案しようということになり、原案を作成するための小委員会を作った。メンバーは、教育庁企画室の永井、企画調整局の山西、日比谷図書館の佐藤、京橋図書館の清水、それに私の五名であった。

まず、全体を「総論」「市町村立図書館」「区立図書館」「都立図書館」で構成すること、長期の施策と当面の施策の二本立てにすること、館数は自治体の広さに、規模はその人口に対応すること。蔵書数、年間購入冊数、施設の面積、職員数について基準の数値を示すことなどを決めた。そして、分担して一次案を作り、それを持ち寄って調整し、さらに二次案を作るというふうに繰り返していった。

やっと小委員会案ができて、プロジェクトチームに提案したところ、「総論」の文章がいかにもお役所風で、都民にアピールしにくいし、知事も喜ばないだろうという意見がでて、結局私が書くことになった。私は全く自分の文章に書き改め、次のチーム会議にはかった。幸いみんなに認められ、プロジェクトチームの報告ができあがって、知事に提出した。この報告「図書館政策の課題と対策」の意義は次の点にあると思う。

一、図書館の必要性

図書館は学生や好事家だけのものではなく、市民生活に必要な、基礎的な社会施設であるという考えが、力強く打ちだされた。このように考えるとき、東京都の図書館がいかに貧しい状況にあるか、そして行政が何をしなければならないかがはっきりした。

二、新しい方向

『中小レポート』から日野市立図書館へと発展してきた、貸出しを基本にするという新しい方向は、全国的にはまだ一部のものにすぎなかった。東京都で数館がこの方向にそって進んでいたが、そしてこれらの館の活動が報告に大きな影響を与えたのだが、全体としては決して多数派ではなかった。このような状況ではあったが、報告書ははっきりと新しいサービスの方向にそって書かれた。その後の東京都の図書館の発展は、これによって方向づけられたといっていい。さらに日本の図書館の進路にも重大な影響を与えた。

三、図書館の基準

市民生活に必要な施設としての図書館がサービスを行なうときに必要な条件を、基準として示した。これは、図書館をこの基準まで引きあげるという、東京都の意志表示であった。

四、専門職制度

どんな施策でも、それが成功するかどうかは結局人の問題である。優れた図書館には、かならず司書の資格をもった館長や職員がいる。東京の図書館の最も大きな弱点は、専門職制度がないことであった。報告書はこの点を強調し、専門職制度の確立を求めた。

五、都立図書館の移譲

公共図書館は地域住民のものでなければならない。私たちは、「青梅・立川・八王子図書館は設置市へ移譲する」と書いた。

ところが印刷されたときには、「移譲をすすめる」とすりかえられていた。都立図書館の項については一事が万事この調子で、一貫した論理に欠け、アイマイな表現になっていった。このことが今でも尾を引いていて、都立図書館の発展を妨げている。私は委員の一人として、この部分にいちばん責任を感じている。市町村立図書館の項を書くのに精いっぱいだったこともあるが、都立図書館は何をすべきかについてはっきりした考えを持てていなかったうえに、都立図書館のことは口出ししないほうがいいと思っていたからである。

「図書館政策の課題と対策」は、昭和四十五年六月、都民生活会議（都庁の局長会議）で報告され、知事から都の中期計画にくりいれるよう指示された。なお、その会議で、プロジェクト案を実行するためには、相当数の専門職員が必要になるが、その養成はどうするのかという質問が出たそうだが、それは最も重要な問題を指摘するものだったと言ってよい。

十一月に発表された「東京都中期計画　一九七〇年」には「図書館の整備充実」の項が含まれ、「東京の社会教育」十八巻三号の図書館特集では都の計画が紹介された。都の図書館政策は、ここまでは一応順調に進んでいるかに見えた。

杉捷夫先生とともに

ところが、年が明けてから怪しい雲ゆきになってきた。その第一弾が、「東京の社会教育」図書館特集の「改訂増補版」の発行であった。その中に、さりげなく次のような一文が入っていた。

ひとつの壁

区市町村の社会教育施設が図書館と総合社会教育施設（公民館など）の二本の柱を中心に整備される方向にあることは以上の説明のとおりです。

そこで効果的な施設計画、運営計画の推進のために、この際どうしても破らなければならない壁は、図書館職員と他の社会教育（施設）職員との相互理解と協力の問題です。
　これは、図書館づくりの次の一歩——内容充実のための大きな課題です。このためには、関係者が大いに話しあいをすすめる必要がありますが、いまその芽が各地にあらわれ始めています。

　この「改訂増補版」は、「スタートした東京の図書館づくり」というタイトルの特集になっており、図書館の整備は他の施設と並列する一項目にすぎないことを、あらゆる点で印象づけようとしていた。「ひとつの壁」という文章は、壁が図書館職員の側にあるような書き方をしているが、実際は、図書館振興政策に対するひとつの壁が、どこからか現われたことを雄弁に物語っていた。

　ちょうどそのころ（昭和四十六年三月）東京都の社会教育部計画課長が、都内社会教育課長会議で、「図書館でなくても本があれば補助することを考慮中である」という趣旨の発言をする。そして、都教育庁の出した資料「東京の図書館づくり」の中に、「計画推進上の問題点」の一つとして、「総合施設の場合の機能確保の方法論」という、分ったようで分らない一項が入るのである。「図書館づくり」と銘うった資料の中に、総合施設という言葉が入ってくる。それが公民館をさすことは明らかであった。

　社会教育は、長いあいだ公民館を中心にして行なわれていた。公民館の数も、図書館に比べれば圧倒的に多い。その公民館にも、やっとできた図書館振興策の財源を振り分けようという動きが、社会教育部の中から出てきたのだ。多くもない財政的な援助が公民館にまで振り分けられれば、まず何よりも図書館と公民館との機能の区別があいまいになり、またその援助も少額になってしまって、図書館を振興することにはならないだろう。私たち図書館長はそのような事態をおそれ、「図書館振興策は図書館の振興のために実行してほしい」という奇妙な陳情をすることになった。また、公民館への援助が必要なのであれば、そのための政策は別にたててほしいとも言った。

しかし、都教育庁の態度は変らなかった。昭和四十六年四月、図書館振興のための補助について、市立図書館長の事情聴取が行なわれたとき、社会教育部計画課長と係長は私に、日野市立図書館のことは何も聞かず、「本をおいてあれば図書館とみなしていいのではないか」と言い、もっぱらそのことで議論になった。私は、そもそも図書館とは何なのか、都が図書館を振興させようと決定した（はずである）のはなぜかを二人に分ってもらうために、用意してきた日野市の資料はそっちのけにして自分の考えを述べ、逆に質問した。そのうち、これは事情聴取ではなく、補助を公民館にも振り分ける理由をでっちあげるために、図書館側の考え方をさぐっておこうとしているのだと感じてきた。あとで分ったのだが、そんなことを聞かれたのは、私と府中市立図書館長の朝倉だけだった。私たちは容易でない事態になっていることを知った。

私は何人かの市立図書館長と相談して、都のトップに直接陳情することにし、日比谷図書館の杉館長にご尽力をお願いした。杉館長は私たちの願いにそって根回しをしてくださり、十一月、三多摩の館長と図書館のない市町の教育委員会代表が、副知事と関係部局の部長に陳情することができた。

杉先生はプロジェクトチーム発足の当初から、さまざまな次元で私たちをバックアップし、困難な局面のときには身を挺してその打開にあたってくださった。先生はあくまでも私たちの考えを実現するために働いてくださり、ご自分の考えを押しつけたり、指導しようとしたりは決してなさらなかった。そのような杉先生の存在は、図書館の発展を快く思わない人々には目障りだったのだろう。先生に対して、陰に陽に、さまざまな妨害や圧力が加えられた。先生ほど固く身を持している人はいないと思われるのに、いい加減な勤務をしているという悪意のある情報が、都議会筋に流されたりした。

先生はなぜかとりわけ私を信頼してくださり、日比谷図書館の館長室でたびたび二人で相談した。私が館長室にはいると、先生は庶務課との間にあるドアを開けて様子をみ、それから話を始められるということがよくあった。杉先生のような碩学にそんなことをさせる人たちに、私は胸が熱くなるような憤りを感じ、その辛労を少しでも軽くできるのなら何でもしたいという気持になった。

ちょうどそのころ、都庁の幹部だった人が日野市の助役になったことは先に書いた。その助役は人柄のいい人で、私を信頼してくれていたせいか、あるときこう言った、

「日比谷図書館の館長に学者をすえたのは間違いだよ。あれは、都庁の職員が最後にすわりたいと思っているあこがれのポストなんだ。地位は高いし、仕事は楽だし」

「いや、楽どころか、杉館長は骨身をけずっておられますよ」

助役は一瞬きょとんとした顔をした。私には、助役の言うような空気が杉先生をじわっと包んでいるのが、よく分った。

十二月には「東京都中期計画　一九七一」が発表された。前年の中期計画では「図書館計画」となっていた項目が、今年は「図書館・市民集会施設計画」となっていた。とうとう来るものが来たという感じがしたが、このままでは大勢の人が今まで何のために苦労してきたのか分らない。前年と同じ考えでやってほしいと陳情しようということになり、他市の図書館長たちといっしょに都の教育庁社会教育部の計画課長と企画調整局の計画第一課長をたずねた。計画課長が、図書館より複合施設のほうが望ましいという発言をしたのはそのときである。私たちは、複合施設はさまざまの機能がお互いに邪魔しあうものであることを説明し反論したが、議論は結局、平行線をたどった。複合施設のほうがいいという考え方は、つき

つめれば、いわゆる総合施設である公民館のほうが図書館よりいいということになる。それは、資料提供という図書館の本質的な機能を、集会を主とした機能に従属させ、正しい意味での図書館をなくしてしまう考え方であった。

そのような情勢を察して、図書館員の中から、「図書館は名称も内容も『市民の家』にかえたほうがいい」と、パネル・ディスカッションのときに言いだす人も現われた。また、裏切りとしか言いようのないこともあった。緊迫した空気の中でのことだったので、そのときは胸をえぐられたように感じたが、今は、あれもおこるべくしておこったことだったと思えるようになった。

図書館の内部から障害が出てきたのは、日和見的な弱さのせいでもあったろう。だが、おもな原因は、一部の図書館員が図書館の機能について、はっきりした理論を持っていなかったこと、住民が図書館を支持してくれているという確信がなかったことである。この理論と確信は図書館のサービス現場から生れ、両者が結びついて一つの力になるのもそこにおいてである。現在でも、内部からの障害はすべて、本当のサービスをせず、住民の支持のない図書館から出てきている。

昭和四十七年二月、都教育庁は「区市町村・市民文化施設について」を発表し、複合施設優先の方針をはっきりと打ち出してきた。同じ月のうちに公共図書館職員研究会が開かれ、

「住民の要求に応える図書館づくりを進めよう」というテーマでパネル・ディスカッションが行なわれた。当然のことながら、発表されたばかりの都の見解をめぐる発言が相ついだ。

会場は熱気につつまれ、緊迫した空気がみなぎった。教育庁からは担当者が出席して、都の見解を説明した。東村山市民の川島恭子は市民の立場から図書館の振興を訴えた。府中市立図書館の嵩原安一は理論的に反論した。同館の朝倉館長は、高い識見から図書館と公民館の違いを述べ、都の政策を正すよう、情熱をこめて迫った。何よりも忘れられないのは、杉先生のことである。先生はいつものように平土間の最前列に坐り、静かな、しかしごまかしを許さない口調で担当者に質問し、都の政策の変質に批判をこめた疑問を呈していかれた。担当者は横柄な薄ら笑いを浮べていたが、先生は毅然とした態度で誠実にたちむかわれた。私は胸にこみあげるものを押えられなかった。

杉先生はその人格によって私たちを励まし、勇気を与えてくださった。真の指導者とはこういう人をさすのであろう。この人の下でなら、どんな労苦もつらくないと思った。

私はいまでも、こんなことを言うと孤立するのではないか、馬鹿にされるのではないかと尻ごみするときがある。そんなときには、杉先生ならどうするだろうと考える。そして、杉先生に恥かしくないようにしなければいけないと思い直して、勇気を出して発言する。すると、いんぎん無礼にはぐらかされたり、皮肉られたり、鼻であしらわれたりすることもある。

大方に媚びるようなことを言って、私を孤立させようとする者もいる。もちろん腹がたって、言わなければよかったと思うこともある。しかし、あのころの杉先生の態度と、先生に加えられた侮辱をおもえば、私は当然耐えるべきであるし耐えられる。

都の計画課は、前年度には「図書館でなくても本が置いてあれば補助してもいいのではないか」という論法だったが、この年度には、「図書館における集会活動は重要である。だから、集会機能と図書館機能を複合させたほうがいい」という論法に変った。

図書館にとって、中心的な機能は求められた資料を提供することであり、集会機能は付帯的なものである。ところが、複合論は図書館機能を集会機能に付帯させようとしていた。市民に自主的な活動の場を提供するのではなく、集会機能によって市民を指導しようとしていた。だから、この論争は、表面的には施設の作り方の問題に見えるが、実は公共図書館の本質にかかわる問題であった。都の案が実行されるようなことになれば、公共図書館の本質的な機能が、東京都から消滅しかねなかった。

七月になって、京橋図書館長の清水と、日比谷図書館副館長の江口、それに私の三人は、担当主査に呼ばれ、「区市町村市民文化施設整備の考え方（案）」という文書を示された。それは実に複雑な図式と説明文からなっており、一読してもよく分らなかった。説明を聞くと、要するに、図書館と公民館の中心館は別々にするが、地区館は一つにまとめるというものだった。これでは地区館はいったい何の分館なのか分らなくなり、住民にとって最も重要な施設が図書館とは別のものになってしまう。機能論としても組織論としても、全く杜撰《ずさん》きわまるものであった。

私たちは、この案に強く反対した。そして翌月、東京都市町立図書館長協議会の名で、都の教育長と企画調整局長あてに要望書を提出した。この要望書は私たちの考えをよく表わしているので、少し長いが再録しておきたい。

要望書

東京都の図書館整備計画について

「区市町村市民文化施設整備の考え方（案）」について、私達は次のような意見を申上げ、都の図書館政策の推進について要望いたします。

一、「考え方」について

イ、地区館に関して、図書館と公民館の機能を統合することが提案されておりますが、このことは図書館と公民館の本来の機能が生かされず、市民の役に立つ施設とはなりえないと考えます。市民は現在、図書館の増設と充実を強く望んでおります。

ロ、図書館が図書館としてその機能を十分発揮するためには、独立の施設であることが最も望ましいことは、理論的にも経験的にも明らかであります。図書館がその他の施設と併設されることはあっても、それは施設の併設であるべきで、機能の総合化であってはならないと考えます。

ハ、図書館が集会室をもち、自由に市民の利用に供することは当然であり、これを特に総合施設化しなければならない必要はないと考えます。また集会室を市民に提供する業務は司書の職務内容の一部であり、また組織の原則から言っても、社会教育主事等の配置は業務体制に混乱をもたらすものであります。

ニ、補助事業は、中心館・地区館の別なく、図書館建設費・図書館資料費（開設後三年間）の二分の一を補助するという単純な考え方に立っていただくことを強く希望いたします。

二、要望

東京都は、昭和四五年「図書館政策の課題と対策」を作成され、四六年度から具体的な施策となって現われております。この政策は東京都の図書館を都民のものにする具体的な指標であり、極めてすぐれた政策であります。しかし、この度の「考え方」に示された内容は、さきの政策とは異質のものであります。

市民の要求に応えうる図書館は現在かずすくなく、しかもそれらは市民の図書館としてやっと芽が出て、今これを育てる努力がなされている段階であり、更にかず多くの芽を必要としています。今後「図書館政策の課題と対策」を変質させることなく、図書館の振興について強力な施策を講ぜられるよう心から要望いたします。

昭和四七年八月十一日

このような要望だけで事態が好転するのなら、とっくに問題は解決していただろう。清水と私は特別のはからいを得て柴田徳衛企画調整局長に面会し、ことの本質がどこにあるかを説明した。また、私は杉先生のお骨折りである人に会い、助力をお願いした。ちょうどそのころ、国分寺市で開かれた市当局と市民の対話集会で、市民から「公民館と兼用の図書館なんて」という意見が出たことが報道された。

私たちは、とにかくできることは何でもしたし、図書館を使っている多くの都民も、問題の本質を直感的に理解してくれた。そして、補助金は図書館のために使われることになり、完全ではないが、政策は一応「課題と対策」の線で実行された。

その結果はどうであったろうか。昭和四十五年と五十三年を比較すると、区立図書館は六八館から一〇五館に、市町立図書館は一四館から八三館に増加し、人口一〇〇人当りの年間貸出冊数は、区立が四四冊から二一六冊へ、市立が五三冊から三六四冊へと急上昇した。東京都はそれまで、人口当りの数値では低位に甘んじていたが、この政策の実行後はつねに首位にたち、日本の公共図書館の目標になっている。

しかし、補助事業は昭和五十一年度で打ちきりになった。たった五年間の政策だった。だが、その後も東京の公共図書館は発展をつづけ、いまや東京では、図書館のない生活は考えられないまでになっている。そして、東京都の「図書館政策の課題と対策」は日本の公共図書館の理論水準を高め、東京の公共図書館の発展は他府県に計りしれない影響をあたえた。それは北海道や沖縄にまで飛び火して、各地に新しい図書館サービスが生れ、住民の支持をえて、そこからまた他の地域へ飛び火し、燃えひろがっていった。

東京の図書館政策が進行しているさなか、森博が病気で亡くなった。森はその博識と居合抜きのような気合いによって、人々に頼られ、ときには恐れられもした。「図書館雑誌」の編集委員をしていた私はこう言われた、

「あの雑誌、何も印刷してなけりゃメモに使えるんだがなあ」

また、図書館協会のある委員会が数年かかって作りあげた文書を読んだときにはこう言った、

「これは日本語じゃない。いや、論理がぐにゃぐにゃだから、言葉でもないよ」

森は国語学が専攻だったから、日本語の美しさに敏感で、「メリット」や「コンセンサス」のような奇妙な片かな語を特にきらった。食堂にはいっても、「アイス」「ホット」「ライス」などとは決して言わなかった。

森は区立図書館長だったとき、都立日比谷図書館に強い批判をもっていたが、杉館長に見こまれて、その日比谷図書館の整理課長になった。そして、合理的な整理体系を考え出して部下に示したのだが、抵抗が強く、実施できないまま病いにたおれた。日野市立図書館の矢野が見舞ったとき、森は言った、

「日比谷図書館を頼む。君たち市区立図書館の職員へのお願いだ」

これは市区立図書館への、そして都立図書館への、森の遺言である。

杉先生は、都の政策がやっと軌道にのった昭和四十七年に辞任された。先生からそのご意向をうかがったとき、私は何とか思いとどまっていただきたいと思ったが、とてもそうはお願いできなかった。先生は、おられるだけで私たちの支えになり、先生が見ていてくださると思うだけで、私たちは元気がでた。しかし、そのために先生が筆舌につくしがたい苦労をしておられるのを知っていながら、それ以上甘えるわけにはいかなかった。

先生の辞任を報ずる新聞のうちには、知事との不仲が原因だとするものもあったが、それは全くの誤報だったと思う。原因は都庁の、そしてその一部である日比谷図書館の、さらには役人根性の固まりのような何人かの職員の体質にあった。こういう体質は、東京都だけのものではないだろう。

辞任後、先生は「図書新聞」に一文をよせられ、「私は図書館長としてこれといったこと

をしていないが、市区町村立図書館が発展する邪魔になることは、しなかったと思う」と書かれた。先生はその人柄のままに謙虚に書かれたのだが、私には、都道府県立図書館に対する痛烈な皮肉のように思えた。素直な発言が、聞きようによっては厳しい批判になる見本のような文章だった。私はいま、県立図書館長として、先生と同じように、市町村立図書館の邪魔だけはしないように心がけている。

『市民の図書館』

有山が日野市長になったあと、叶沢清介が日本図書館協会の事務局長になったことは、前に書いた。叶沢は、ながく長野県立図書館長をつとめ、PTA母親文庫を始めたことで有名だった。私は母親文庫に批判的になっていたが、叶沢の誠実な人柄には尊敬の念をもちつづけていた。協会には、菅原総務部長、野呂事業部長など、私が日野に行くまでの同僚がいて、私の仕事を援助してくれた。国会図書館の印刷カードはできるのが遅いので、頼んで作ってもらったが、他館に売れるものではなかったから、ほとんど商売にはならなかっただろう。行事をするときにも講師のあっせんなどを頼み、面倒な交渉をしてもらった。

叶沢のもとには、私ばかりでなく、あちこちから多くの図書館員がおとずれた。叶沢は私たちの愚痴を聞き、心配してくれた。どんな話にも誠実に応対し、できることは何とかしようというふうだった。いなしたり、はぐらかしたり、きれいごとでごまかしたりは全くしなかった。だから、官僚的な図書館員には相当苦しめられていた。とにかく図書館協会に行って話をするだけで、元気がでたものである。

昭和四十二年、私は菅原と、これからの日本の公共図書館について話しあった。そして、『中小都市における公共図書館の運営』の方向で発展させるためには、日野だけではなく、各地に拠点となる図書館を作るべきだということで意見が一致した。私には日野が孤立することが不安で、同じ方向で同じような働きをする図書館が少しでも増えるよう、祈るような気持だった。また、他館の運営の優れた点を学びたいという気持も強かった。

そこで図書館協会は「公共図書館振興プロジェクト」を作った。一定の条件をつけて、参加館を求め、その報告をもとにして共同討議を行ない、新しい図書館への道をひろめようとするものだった。プロジェクトには五館が参加した。

参加館から寄せられた報告を読んだところ、驚くほど少ない図書費と人員で運営されていることに気づいた。優れた部類に属する五館ですらこの状態だから、全体の水準は推して知るべしであった。

共同討議では、貸出し、児童サービス、計画的な運営、職員問題が中心的な課題であることが確認された。しかし実際は、各館の館長や職員が十分に理解しないまま、少々強引に結論にもっていった感じであった。いま振り返ってみると、その後も新しい方向で運営し、拠点になったのは、五館のうち二館にすぎないし、ある館の副館長は、読書会の意義を高くかかげ、資料の提供を本質的な機能とする考え方を批判しつづけた。

「振興プロジェクト」という方法では、拠点づくりができるかどうか覚束《おぼつか》なかった。一方、三多摩のいくつかの公共図書館が、日野の方法に学んで自館を改革し、市民のものになろうとしはじめていた。

そこで、また菅原と相談し、今度は中小公共図書館のための業務の手引きを作ろうということになった。私に執筆しろということなので、私は次のようなものにしようと考えた。

一、公共図書館の本質から具体的な仕事のしかたまで、一貫した考え方でとおす。

二、いま何をすべきかを示し、一種の作戦の書にする。

三、あれこれの方法を概論風に列挙するのではなく、最も優れた方法、手順をはっきりと書く。

四、読みやすいように、できるだけコンパクトな大きさにし、表現も分りやすくする。

児童へのサービスについては、私よりはるかに高い識見と経験をもっている清水正三に書いてもらった。

当時の公共図書館は、あまりにも貧しいためにその貧しさに気づかず、他の館より少し図書費が多いとそれを自慢し、他の館よりわずかでも利用が高いとそれで安心しているように見えた。多いとか高いとかいっても、私が考えているより一桁低い水準でのことだった。私はまず、われわれに与えられている条件がいかに貧しいかを説いた。そして、必要な条件を獲得するための方法を具体的に書き、目標を示し、自信をもつようにと理づめで迫った。

さしあたって全力をあげるべき重点を、三つあげた。
一、市民の求める本を、自由に気がるに貸し出すこと。
二、児童の読書要求にこたえ、児童にはとことんサービスすること。
三、あらゆる人々に本を貸し出し、図書館を市民にとって身近なものにするために、全域にサービス網をはりめぐらすこと。
以上のサービスを行なうために、図書冊数は人口の二倍、年間増加冊数は人口の八分の一を最低基準とした。この基準は、私の体験からの勘によるもので、理論的に導きだしたものでも、日本の図書館の実績から帰納したものでもなかった。利用がないから予算が増えず、予算が増えないから利用がのびないという悪循環を断つための臨界点が、これくらいだろうと思ったのである。年間増加冊数が人口の八分の一というのは、当時のイギリスや北欧の基準が四分の一であったから、ちょうどそれの半分であった。

原稿ができあがり、それを第一線で活動している八人の図書館員が読んで、討議してくれた。なかには資料の提供よりも教育的な機能を重んずる者もいたが、大方の人は私の考えを支持してくれた。討議のとき私が最も恐れたのは、重箱の隅をほじくるような才子がいて、文章の勢いをそぎ、蒸留水のようなものに変えられてしまうことだった。しかし、幸いにそんな才子はおらず、ほとんどそのままで了承された。

昭和四十五年五月、『市民の図書館』と題して日本図書館協会の名で刊行されたが、清水の書いた児童サービスの項を除いて、実質的には私の著作であった。この小さな本は、『中小都市における公共図書館の運営』のあと、日野での実践と経験に基づいて、公共図書館に指針を示し、具体的な業務についても詳しく述べたものであった。小冊子の刊行後、新しい方向はひろがり、飛躍する図書館がつづいて現われた。公共図書館の発展に、決定的な影響を及ぼした本である。

日野では、昭和四十五年、人口が十万人をこえ、図書館の貸出冊数は五十万冊に達した。私はあまりに大きな数字にたじろぎ、今年こそ頂上で、来年からは下り坂になるだろうと思いつづけていた。一日の利用が終ると、貸出カードを数えて統計をとる。十だったか二十だったか迷ったようなときには、かならず少ないほうを採るように職員に指示した。水増ししているのではないかなどと、少しでも疑われてはならないという気持と、下り坂になったときの下げ幅を少なくしておきたいという考えからだった。

移動図書館車はひとまわり大きなものに買いかえられ、サービス・ポイントも増え、分館も四つになった。農村地帯や社宅からも、移動図書館にきてほしいという声が増えはじめた。あまり大きな利用はなかったが、そういう声にこたえるのが公共図書館のつとめであった。

十一月、新しいサービス・ポイントの三沢中《みさわなか》に向う途中、カーラジオから、三島由紀夫が市ケ谷自衛隊駐屯地で切腹したという臨時ニュースが流れた。私の理解をこえる不気味さが、暗い予徴のように感じられた。三月には「よど号」がハイジャックされていたし、このようなとっぴな行動が、何を意味しているのか分らないだけに、不安な思いだけが残った。

公立図書館の望ましい基準

昭和四十六年九月、文部省から社会教育審議会の委員になってほしいという連絡があった。そういうものには、功なり名とげた人がなるものだと思っていたのでびっくりしたが、図書館法にいう「望ましい基準」を作るためだということなので承諾した。

昭和二十五年に公布された図書館法には、最低基準と望ましい基準を制定することという条文がある。それ以前に定められていた最低基準は、その基準を越えていなければ、国から補助金をもらえないというもので、非常に低かった。図書館法を作った人たちも低すぎると思っていたから、別に望ましい基準を作ることと銘記したのだろう。しかし、まだその基準はなかった。昭和四十二年に作成のための委員会ができ、案を作ったが、なぜか正式に告示されないままになっていた。

私はこう考えて委員を引き受けたのだった。望ましい基準を作れば、図書館について二つの基準ができることになる。最低基準は文字どおり最低限を示し、望ましい基準は、言葉の意味はどうであれ、結局、上限を示すことになってしまうだろう。ところで、大部分の図書館は、市民の読書欲にこたえられるだけの図書費や職員数を持っていない。このような低い水準に多少の上積みをして、望ましい基準が作られたならば、現在、一応図書館らしい働きをしている館は贅沢だと思われ、苦心して獲得してきた条件は、かならず切り下げられることになるだろう。

では、望ましい基準はないほうがいいのだろうか。一般論としては、とにかく基準は必要である。しかし、図書館の場合は、ある水準以上の基準でなければならない。図書館は小さいと図書館ではなくなる。ある水準以上の図書費や職員数がなければ、図書館としての働きはできない。だから、この水準を、すべての図書館がこえなければならない。この水準は、最低基準と呼んでも望ましい基準と呼んでもいいが、当然一つであるべきで、複数ではありえない。

文部省が作ろうとしている望ましい基準は、目標であり、上限となる危険をはらんでいる。しかし、私の考えている、図書館にとっての最低条件である水準を望ましい基準にすることができるならば、それは上限にはならないのではないか。図書館がこの水準になれば、利用が増え、市民の支持をえて、この水準ではすまなくなる。そうなれば、その望ましい基準は、実質的には最低基準になってしまうだろう。

しかし、私の考えている水準が審議会で受け入れられても、高すぎると思われて、昭和四十二年の案のようになってしまうのではなかろうか。あの案が陽のめをみなかったのは、高すぎたかららしい。私の考えている水準は、あの案よりもはるかに高い。あの案と同じようになるかもしれないが、それならそれでいい。陽のめを見なければ、少なくとも上限が決められる危険もなくなるわけだ。——

私が考えていた基準とは、『市民の図書館』に書いた基準、つまり図書冊数は人口の二倍、年間増加冊数は人口の八分の一とするものであった。この基準が最低基準や昭和四十二年の案と根本的に違うのは、人口によって率が逓減しないことである。最低基準と四十二年案は、人口が大きくなるにつれて、人口当りの率が下がり、対数曲線のようなカーブを描くものであった。人口の大小に関係なく、一つの市村町には一つの図書館と考えられていたころだから、逓減させるのが当然だったのだろう。しかし、私は、図書館とは一つのシステムであり、大きな市にはいくつもの図書館がなければならない、人口の大きさに比例した基準が必要であると考えていた。また、大きい市には経済や文化、産業が集中するから、逆に、人口が大きくなるにつれて、人口当りの率を上げてもいいのではないかとさえ考えていた。

とにかく、何とか人口に比例した基準を認めてもらわなければならない。ところが、この基準は、単純な一次方程式になるから、これまでの一見複雑な基準より低級にみえるかもしれない。それも気がかりな点だった。

社会教育審議会の施設分科会の一つとして、図書館専門委員会が発足した。委員は現職の図書館員と図書館学者が主で、委員長は東大教授（図書館学）の裏田武夫であった。その委員会に、社会教育審議会の委員として、東大教授（建築学）の吉武泰水《やすみ》と私が加わり、「望ましい基準」づくりが始まった。

委員会ではまず、すべての町に図書館網を作るべきこと、公共図書館の中心は市町村立図書館であることという二つの原則が認められた。さらに、図書館業務は貸出し、レファレンス、児童へのサービスを三つの柱として行なわれることが認められ、基準の大筋ができあがった。以上の考え方は図書館界でもまだオーソドックスなものではなかったので、私ははじめ心配していたのだが、意外にも激論にはならなかった。図書館の進み具合が、ほぼ全員の委員に知られるほどになっていたのと、裏田委員長の学識と信念が、よく委員会をまとめたからである。ただときどき、日本の図書館にくらい委員が、アメリカの一部の図書館で行なわれていることをそのまま日本に持ちこもうとするのには、はらはらさせられた。

年間増加冊数や職員数については、特に現場で仕事をしている委員にはつかみやすいことなので、一応の案ができたが、施設のことになると、システムとしての図書館の例が少なかった当時では、分館の規模や数を示すことが非常にむつかしかった。裏田委員長と私が、佐藤委員（横浜国立大学・建築学）の家にいって、ほとんど徹夜で議論して案を作った。

裏田委員長が作った基準の文案は、小さな修正はあったかもしれないが、委員会でほとんどそのまま承認されたように思う。それは図書館のあるべき姿を簡潔に書いた名文で、図書館史にのこる文献になった。

その案がそのまま社会教育審議会にかけられると思っていたのに、文部省の事務当局が手を入れてから、施設分科会の報告という形で審議会に提出するという。文部省の事務官が手入れ案を何度か私のところに持ってきたが、私はそのたびにあちこちを修正してもらった。

裏田、吉武と相談して、譲れる部分、譲れない部分を文部省に申しいれもした。その結果、大筋としては図書館専門委員会の案にそったものになったが、部分的には妥協し、文章は全体として法令的な様式をととのえたものになった。

施設分科会案が社会教育審議会にかけられたとき、二人の委員が強硬な反対意見を述べた。刀禰館《とねだち》委員（当時西宮市教育長）は、基準の数値が高すぎる、「日本有数の社会教育市といわれている西宮市でも、こんなことはとてもできない」と主張した。すでにこの基準をオーバーしている市があると説明しても、「社会教育市」ができないことを、普通の市でできるはずはないとつっぱねられた。武田委員（当時神奈川県教育長）は、「都道府県教育長協議会にはかってみなければ責任はもてない」と主張した。そして、教育長協議会にはかったところ、文部省の社会教育課長が、「この基準には説明不足の点があるので解説をつけたい。解説は施設分科会にはかる」という妥協案を出してくれ、結局、「望ましい基準」の施設分科会案は社会教育審議会で承認された。

だが、その解説は書かれず、「望ましい基準」は告示されないままになっている。

新しい飛躍

中央図書館の建設

昭和四十六年の春、古谷市長が私を呼んで、任期中に中央図書館を作りたい、場所は神明《しんめい》上の区画整理地域にある保留地でどうだろうかと言った。少し前に行なわれた市会議員選挙のとき、ほとんどの候補者が中央図書館の建設を公約の一つにかかげていたので、来るべきものが来たかという感じはしたが、私はもっと待ちたかった。

理由は二つあった。まず、いま中央館ができてしまうと、分館づくりが進まなくなるのではないかという心配である。私は、移動図書館、分館、中央図書館という順序でシステムとしての図書館を作っていこうとしている。いま、蔵書の多い中央館ができれば、確かにサービスは向上させられるので、市民が図書館はこれでできあがったと思ってしまうのではないだろうか。しかし、本当に市民の役にたつのは本格的な分館であるはずだが、いまの分館は分室みたいなものばかりだ。本格的な分館より先に中央館ができると、市民は本当の図書館を知らないまま、もうこれでいいと思ってしまいかねない。

もう一つは、図書館の職員たちの態度が変りはしないかという心配である。私たちのいまの職場は、汚なくて不便な事務室と、本でうずまった狭い書庫で、移動図書館の一台は野ざらしになっている。しかし、中央館ができれば、こんな環境は一変するだろう。快適な建物が、職員の緊張感と反撥力を弱めてしまいはしないだろうか。また、職員たちが移動図書館や分館より中央館で働くことを喜ぶようなことになったら、これまでの日野図書館ではなくなってしまう。中央館の建設は、日野市立図書館が飛躍するきっかけにもなるし、衰微するきっかけにもなる。

そういう心配はあるが、いま中央図書館を作るのなら、これまでのサービスを変質させないようにしなければならない。まず、その建物の作りは、移動図書館サービスを延長させた働きをすることを表わすものでなければならない。次に、その働きは、あくまでも移動図書館や分館のための基地としての性格を第一とするものであるべきである。そして、何よりも職員が、その建物によりかからず、そこからもう一度討ってでる気概をもたなければならない。私は中央館の建設はまだ早いと思ったが、状況が進行している以上、この機会を最大限に生かす以外に道はないと心を決めた。

そして、さっそく神明上に行ってみたところ、その土地は日野駅と豊田駅の中間にあって、市民が日常行き来する道筋とは逆のところだった。従来の図書館は公園とか文教地区に建てられるのが普通で、その建物も人々が気軽にはいれるようなものではなかった。私は、図書館はふらりとはいりたくなるような建物であるべきだし、そのためには人々が前を通るような、つまり市民が毎日行き来する場所になければならないと思っていたので、市長に、あそこは適当でない、できれば駅や商店街に近い所にしてほしいと頼んだ。

「それはちょっとむつかしいなあ」

私もそう思ってはいたが、市民に使われるかどうかは場所によって決るとくどいた。市長は、では少し探してみようと言ってくれた。何週間かたって、また市長室に呼ばれた。いつものように本を読んでいた市長は、豊田駅の近くにある神社の境内が借りられそうだから見に行ってほしい、くわしくは総務部長に聞いて、よければ話をすすめるようにと言った。

その神社は豊田駅から歩いて五分くらいの所にあり、これから開発されそうな地域だし、場所としては悪くなかった。しかし、土地の形が複雑で、ねじれたような傾斜地になっており、よほどうまく建てないと、使いにくくなるのではないかと思われた。しかし、理想を言えばきりがないので、市長に、あそこならいいと思うと報告して、神主さんと土地貸借の交渉にはいった。

同時に、建物の規模について、企画財政部と建築課、図書館の三者で相談をはじめた。必要な蔵書数や各室の大きさを加算してゆくと、私の見積りでは約二五〇〇平方メートルの建物が必要だった。それを会議にもちだしたら、建築課長に大きすぎると反対された。課長は『建築設計資料集成』の図書館の項を読んでいて、そこに載っている平均面積を基準に考えていたのである。それは一つの部屋でしかないような図書館をも含んだ数値で、問題にならないものだった。私がその数字はほとんど無意味だと説明しても、本に書いてあると言われ、館長は大風呂敷をひろげているとしか受け取られなかった。

私は、『建築設計資料集成』の図書館の項を執筆した、横浜国立大学の佐藤仁に電話をかけた、

「先生の書かれた数字が、図書館の実態を知らない人に使われまして、いま、とても困ってるんです」

「いやあ、申しわけない。すぐに行って説明するよ」

佐藤はとんできて建築課長に会い、あの平均値がいかにお粗末なものであるか、本当は、一応図書館といえるところだけで数字をだすべきだと説明してくれた。佐藤は多摩平の児童図書館を設計していたので、建築課長もなじみがあり、『建築設計資料集成』の執筆者が言

うのだからと納得してくれた。

しかし、それで一件落着とはならず、今度はそのころ建った付近の市立図書館の大きさが企画財政部で問題になった。当時は不思議なことに一五〇〇平方メートルのものがそろっていて、それらに比べると、二五〇〇という数字はいかにも大きく見えた。また論争になったが、とにかくほかと同じくらいにしろの一点張りで、どうにもその壁を破ることができなかった。

ところが、思ってもみないことになった。図書館協議会でも中央館の建設のことが話しあわれ、委員たちはいくつかの図書館を見学したりしていたが、私はある日の会で、二五〇〇平方メートルほしいのだが、どうしても認められず、一五〇〇になりそうだと報告した。すると、全委員が声をそろえて、そんな小さなものではどうしようもないと言い、委員長が、

「今から市役所に行って、市長に頼みこもうじゃないか」

と言いだした。委員長の秋山は高幡不動の住職で、観光協会の会長などもしており、自由な立場にあったが、いつもは市に対して特に意見らしいことなど言わない人だった。その人がそう言いだしたせいか、全員が同調した。

「そうだ、行きましょう」

協議会がそんなことをすれば、役所はかえって態度を硬化し、できることもできなくなる

と思って、私は反対した。

「いや、皆さんのお気持は、私が市長に伝えますから」

しかし、みんなは承知しない。仕方がなくて秘書課に電話をかけると、土曜日の午後だったので、市長はもう家へ帰ったという返事だった。ほっとしながらそれを伝えると、委員長が、

「じゃあ、市長の家へ行こうじゃないか」

と言った。とんでもない、そんな異例なことはしないほうがいいと説得しても聞いてくれない。

「この協議会は、館長の命令で動くものではないだろう」

「それはそうです」

「じゃ、われわれの考えですることなんだから、館長は知らなくてもいい。われわれだけで行くから、館長はついてこなくていい」

そこまで言われればどうしようもない。委員たちだけに任せるわけにもゆかず、とうとう全員で出かけることになった。

古谷市長は意外にも喜んでくれ、委員長はじめ、みんなの訴えを聞いてくれた。そして、ほとんど質問もせずに言った、

「館長は二五〇〇平方メートルいるんだな」

「はい、そうです」

「じゃ、言うとおりにしたんでは少し問題を残すから、一割くらいけずって、二二〇〇くらいにしよう。秋山さん、それでどうだろう」

「館長はどうかな」

「はい、それだけあれば、何とかやれると思います。それでやらせてください」

私は考えてもみなかった成り行きに、しどろもどろで答えた。そのあと、市長も協議会の委員も、共同で大きな仕事をしたあとのさわやかさにつつまれて、新しい図書館への期待を語りあった。


こうして中央館の場所と規模がきまり、私は次の仕事にとりかかった。それは役所内に建設連絡委員会を作ってもらうこと、建設計画書を書くこと、設計者を選ぶことだった。

連絡委員会を作ったのは、それまではおもに、市長、企画財政部、建築課、図書館でしていた打合せや相談に、できるだけ多くの部課長にも加わってもらうためである。そうしておかないと、職員数や図書購入費、開館後の運営などについて共通認識がえられず、あとで、そんなことは知らんと言われかねない。助役に委員長になってもらい、図書館が事務局になって、おもな計画をそのつどはかることにした。この連絡委員会では特に重大な意見は出ず、だいたい図書館の考えていることが了解された。

建築計画書が図書館を建てるときに作られた例は、それまでにはなかったのではないだろうか。多くの場合、設計者に、いくつかの条件を示して任せるか、役所や図書館が多少の意見を言うにとどまっていた。その意見も、あそこの図書館の階段がよかったとか、柱を丸くしろ、床は石のほうがいいというたぐいのものが多く、市長や議員の思いつきが金科玉条になって、できあがってみると、全体としてまとまりのない使いにくいものになっていた。また、設計者にも問題があり、ある有名な建築家の設計した建物は、おちつかないために誰も行きたがらず、別の建築家は、迷路のような長い廊下や段差を作ったため、利用者はまごつき、職員は走り回らねばならなかった。

私は、図書館とはどういうものか、そこで私が何をしたいのか、そのためにどういう建物がほしいのかを、建築家に分ってもらいたかった。そのために建築計画書を書いたのである。まず、公共図書館とは何をするところかを書き、つづいて、図書館とは建物ではなく、資料提供のためのシステムであり、中央図書館はそのシステムを動かす中枢であることを強調した。そして、中央図書館の設計の基本方針を次のようにまとめた。
一、新しい図書館サービスを形で表わす

日野市立図書館の「誰にでも、どこでも、何でも」というモットーを実現し、分館や移動図書館の中心として活動できるような建物であること。

二、親しみやすく、はいりやすい

図書館は、誰でもがふだん着ではいれるものでなければならない。通りがかりの人が誘いこまれるような雰囲気をもつ建物であること。

三、利用しやすく、働きやすい

利用者が資料の配置、自分の位置をつかみやすく、ゆったりした気分で利用できるようにする。利用者と職員が無駄な動きをしないですむように、各室の配置を単純で明快にすること。

四、図書館の発展、利用の変化に対応できる

蔵書と利用は増加し、図書館の機能、資料や情報の検索手段、サービスシステムもどんどん新しくなる。これらの変化に対応できる建物であること。

五、歳月を経るほど美しくなる

図書館は数千年も昔からあり、文化を生み育て、伝え、拡めてきた。これからもそうでありつづけるだろう。このような長い生命と意味にふさわしい、市民がみずからの文化を守り育てる砦《とりで》として、いつまでも使えるような建物であること。

この最後の項には、倉庫のような醜い公共建築と、従来の重々しさへの反動として生れたスーパーマーケットのような図書館建築に対する批判をこめたつもりであった。

次に、各室の重要度と相互関係を図によって示した。貸出室（公開書架室）、児童室、レファレンス室を中心に、その周辺や上部に書庫、集会室、事務所などを配置した機能図である。閲覧室をなくして、レファレンス室を作ったことが、それまでの図書館とは違っていた。開架室と児童室は明るく開放的な入口の近くに、レファレンス室は逆におちついて静かな奥のほうに配置し、それらが事務室と書庫とに無理なくつながるようにした。

当時は珍しかった職員休憩室ももりこんだ。図書館の職員は昼休みや休息時間をいっせいには取れないので、事務室だけだと、働いている者と食事をとる者が同じ部屋にいることになり、外から来た人にはだらしなく見え、部屋の空気もだれてくる。それを避けると同時に、事務室でお茶を飲むことを禁じたかったのである。それは仕事の緊張感をゆるめてしまうし、いわゆるお茶くみを誰がするかという問題がつきまとう。休憩室にお茶の設備をおき、飲みたい者はそこだけで飲むようにすれば、仕事と休息のけじめがはっきりし、お茶くみの問題もおこらない。休憩室はどうしても必要であった。

ほかにもこまかな留意事項をあげたが、おもなものを抜き出してみよう。

イ、入口は歩道と同じ高さにし、段は作らない。

ロ、壁、床、備品の色を調和させる。落ちついた色調にし、けばけばしい色や、きらきら、ぴかぴかした材料は使わない。
ハ、書架がよく見えるように、電灯の配置を工夫する。
ニ、床には、すべらない、音がしない、汚れが目だたない材料を使う。段差や敷居は一切つけない。
ホ、職員や利用者の目がとどかない、死角になるような空間を作らない。

さらに、蔵書計画、職員計画、貸出し、整理業務の具体的な方法を付け加えて、建築計画書ができあがった。

閲覧室という言葉は、一度も使わなかった。調べものをするためのレファレンス室があるのだから、閲覧室はいらない。だが、当時はたいていの図書館が閲覧室という名の席貸し室を作っていて、受験生に占領されていた。これが図書館のイメージをゆがめ、市民を遠ざけていると考えていた私は、閲覧室は絶対に作りたくなかった。閲覧室のない、常識に反した図書館を作るためには、まず市長と教育長の理解を得なければならないが、幸い二人ともよく分ってくれた。次は議会である。私は身がまえて出席したが、受験生の息子のいる一人の議員に質問され、少し議論しただけで、他の議員は意外にも全然発言しなかった。移動図書館の七年にわたるサービスが、本当の図書館とは何かを市民に教え、その図書館観が議員に反映したのだとしか思えなかった。

図書館を建てるときの最大の問題は、設計者を選ぶことである。それによって、私の考えている図書館が作れるかどうかが決るだろう。それまでにも高名な建築家の手になる図書館はあったが、運営する側からの評価は低く、私もそういうものでは困ると思っていた。考えあぐねて佐藤仁に相談したら、鬼頭梓《あずさ》を推薦された。東京経済大学の図書館を設計し、建築学会賞を受賞したという。およそ賞というものは一流の人物や業績を素通りするものだと思っていた私は、半信半疑でその大学図書館を見にいった。

外観は平べったくて、これという特長もなかったが、一歩中へ入ると、見せ場など一つもない、それでいて落ちついた品のある空間に圧倒された。館員に案内されて見てまわると、簡素なようでありながら細かい部分にまで神経がゆきわたり、実に使いやすそうな建物だった。何よりも、全体が強い力で張りつめられていて、見る者に媚びる姿勢が全くなかった。こんな図書館は始めてだった。私は決心した。なんとしてでも鬼頭梓という建築家に設計してもらおう。

まず、管財課長に設計者の決め方を聞きにいった。課長は言った、

「まあ、図書館くらいなら、学校を設計した業者がいくらでもいるから、その中から選べば

いいよ」

　そして、指名参加願いを出している設計者のリストを見せてくれた。私が目を通していると、膝をのりだして言いだした、

「屋上に庭をつくるといいよ。あの屋上庭園というのは何とも言えないねえ」

　この人にはあまりつっこんだ話はしないほうが無難だ。私は早々に引き揚げた。この調子では、鬼頭に設計を頼むには、普通の方法では無理だ。

　数日後、私は市長室を訪ねて、こう訴えた。図書館建築は転換期にあり、まだモデルになるようなものはない。私の考えている建物を設計できるのは鬼頭だけだと思う。鬼頭に依頼するには市長の特命によるしかない。そして、できたら鬼頭の作品を見てほしいと頼んだ。

　私の目をじっと見ながら聞いていた古谷市長は言った、

「よし、分った。一度その図書館を見に行こう」

　何日かあとに、市長といっしょに、東京経済大学の図書館と近くのいくつかの図書館を見学した。私は建物についての意見は言わないようにした。市長も何の感想ももらさなかったが、帰りの車中で言った、

「君の言うことは分った。担当課長に言っておくから、私の特命ということで、鬼頭さんにお願いする手続きを進めなさい」

どこの市にせよ、市長がこのような特命を出すのはきわめて稀なことであろう。それが日野でできたのには、いくつかの理由がある。まず、鬼頭の作品そのものが市長と私を動かした。市長が私を信頼してくれた。市長の人格と清潔さは、野党議員を含む全議員が認めていた。市長はまた、外からの圧力に屈する人ではなかった。

総務部長、管財課長と事務上の打合せをすませ、何としてでも引き受けてもらおうという意気ごみで鬼頭をたずねた。そのころ、鬼頭は吉祥寺の自宅を事務所にしていて、畳の間に置かれたいくつもの製図台で、若い所員たちが仕事をしていた。初対面だったが、作品を見たり佐藤から話を聞いたりしていたので、旧知のようにくつろいで話せた。

日野市立図書館のこれまでを話し、何のために中央館を作るのか、その大体の大きさ、土地の様子、設計料などについて懸命に説明して、ぜひとも引き受けてほしいと心をこめて頼んだ。建築計画書を渡し、返事はこれを読んで私の考えを確かめてからにしてほしいとお願いして、事務所を辞した。あの人は何か確かな考え、思想をもっている人だ、ただの技術者ではないと思いながら帰った。

数日後、吉報がとどいた、

「佐藤さんとも相談したところ、彼も協力してくれるというので引き受けましょう。相当むつかしい仕事になりそうですね。特に、『歳月を経るほど美しくなる』というわけにいくかどうか分りませんが、やりがいがあると思いましたから」

電話の向うから、鬼頭の意気ごみが伝わってきた。とにかく一度日野にきて、図書館の活動ぶりを見てもらうということになった。

鬼頭が初めて日野に来たとき、まず市長に会ってもらった。市長は尊敬を姿勢ににじませて言った、

「鬼頭先生、今度つくる中央図書館は、先生にとっては小さな建物かもしれません。しかし、日野市にとっては後世にのこしたい大切な建物です。設計料も十分だせずに申し訳ありませんが、何とぞよろしくお願いします」

だいたい、市長や助役が設計者に会うときは、業者を使ってやるのだという態度をとるものである。また、業者のほうも、使っていただいてありがとうございますという、卑屈な姿勢になるのが普通である。しかし、古谷市長の態度は全く違っていた。鬼頭は強く心を動かされたようだった。仕事や立場をこえて尊敬しあえる者同士の出会いは、そばにいる私をもさわやかにした。

市役所を出ると、すぐ移動図書館に乗ってもらった。日野市立図書館が何を目指しているかは、私が千万言を費やすより、移動図書館に乗ってもらったほうが、はるかによく分ると思ったからである。

鬼頭はこのときの印象を、中央館竣工後の一九七三年、「新建築」八月号に「土地と人と建築と」と題して書いた。以下はその一部である。

日野市立図書館の活動とその歴史とは、私にとってひとつの驚異であった。それは日野市にはじめて誕生してからわずか八年の間に、日本の水準をはるかに超えた活動の実績をあげて、日本中の多くの公共図書館に――それは無数の隘路《あいろ》と数え切れない悪条件の中で、ほとんど身動きできないほどに沈滞してしまっていた日本の公共図書館界に――大きな衝撃と、そして希望と勇気とを与えてきた事実によるばかりではない。私にとってさらに驚異であったのは、ここに至る八年間の過程であった。

その過程は一貫して今の日本の常識に逆行していた。活動よりも施設が先行し、しかもそれが極端な中央重視に偏しているという現在の公共図書館のほとんど定型化したパターンの中にあって、日野のとってきた過程は、常に活動から施設へ、周辺から中央へという姿勢に貫かれていた。一台の移動図書館から出発したその活動は、その一台の移動図書館に、乏しい予算と人員のすべてを投入して精力的に進められた。身近かに図書館がやってくるようになると、今まで本を読んだこともなかった人も本を読むようになり、二週間に一度回ってくる移動図書館を待ち侘びて、しだいに黒山のような人びとが集まってくるようになる。(中略)

移動図書館に同乗して行った時、私の見た光景は感動的だった。ある団地の中のステーションに着いた移動図書館は、せわしく準備を整えながら、屋根の上のスピーカーでテープの音楽を流しはじめる。やがて両手に買い物袋を下げた奥さんたちや子供たちがあちこちから集まりはじめる。買い物袋の中にぎっしりとつめてきた本を返すと、新しい本をあれこれと物色し、あるいは前にリクエストして置いた本を受け取って、両手の買い物袋を新しい本でいっぱいにして帰っていく。それはあの、新鮮な野菜を満載してやってくる八百屋のトラックと、そこに集まってくる奥さんたちの姿とまったく同じ光景だった。市民と職員とは顔見知りであり、お互いに名前で呼びあって本を受け渡し、こんな本はないかと相談を持ちかけ、次のリクエストを頼んで行く。それはいかにも日常的な光景だったし、図書館は市民にとってなくてはならぬもの、あるのが当り前の存在だった。青空の下で、この小さな広場に繰り広げられた本の市場には、あの図書館に入る時にすっと背中に吹きこんでくるよそよそしさなどはどこにもなかった。私はこの光景に感動し、しかしやがてそれはある困惑に変わって行った。この光景を、この生き生きとした日常の光景を、建築に移しかえる方法を、いったい私たちは持っているのだろうか……。私たちはあまりにも長い間、このような光景と建築とは別のものだと思ってきた。いや私たちはこのような光景とは別のところでばかり建築をつくってきたのだし、別のところでしか建築はつくられてこなかった。

事務所に帰ると、私は、中央館にかける願いの第一は、この移動図書館と市民の関係を、そのまま生かせる建物であることだと強調した。鬼頭は困ったような顔をしたが、同時に、強い闘志がわきおこるのを押えきれないようだった。鬼頭といっしょに車に乗った二人の若い職員、長谷川と草野も顔を輝かせ、その体からは、何としてでもやってみせるぞという意欲があふれていた。

それから約半年のあいだ、鬼頭事務所の三人と、横浜国立大学の佐藤仁、山田弘康、それに私の六人は、渋谷の鬼頭事務所や横浜弘明寺《ぐみょうじ》の佐藤研究室、日野の図書館事務所で設計の打合せをした。それは打合せというよりも議論だった。大きな作業台をとりかこんで線を引き、タイル状のチップを組み合せてはこわし、また線を引いて考えた。

私が、階段とエレベーターはこの位置がいちばん機能的だと主張すると、鬼頭が、それでは外を眺めるときのゆったりした感じを損ってしまうと反論し、ではどうすればよいかということで、全体を始めから考えなおす。また、壁を少し下げて、カウンターからの視界を拡げたいと私が言うと、これだけの空間の圧力を受けとめるには、どうしてもこの壁がなくてはならないと山田が反対する。私には空間の圧力というのがよく分らない。何度も消しては書きしたスケッチをもとにして、何日かかけて製図した平面図を前に、また議論する。せっかく書いた図面が白紙にもどることも何度かあった。議論の翌日には、何が話し合われたかを図書館の職員たちに伝えて意見を聞き、取りいれるべき意見は次の打合せで生かすように努めた。問題によっては、鬼頭たちに担当職員から直接聞いてもらった。

この間の状況を、ふたたび鬼頭の文章に語ってもらおう。

私たちは、前川館長の意図を、その細部にわたって忠実に実現しようと努力した。それのみがこの生き生きとした活動に応え得る唯一の方法であった。建築計画学も、正統な図書館学も、そしていささかの図書館建築に対する知識も、ここではほとんど役に立ってはいない。それはむしろ無益な存在であった。それだけに問題はすべて新しい問題であったし、ひとつひとつ無からはじめられたといっても差支えない。私たちと前川館長との打合せはいったい何回持たれたのか、私にはもう覚えがなく、ただ覚えているのはしばしばそれが深更に及んだことばかりである。あとは、この敷地の美しい自然と、小さな神社の境内地として今までこの土地にあった生活とたたずまいを、できるだけ尊重し、できるだけ残すことに細心の注意が払われた。

鬼頭も私も、期限がきたのに満足できない。役所には一応の図面を出しておいて、さらに二カ月かけてつめにつめた。建物だけでなく、備品についても考えぬいた。建物と備品は全く一体で、調和を欠くと空間の美しさが損われてしまうことがよく分ったからである。鬼頭も既製の図書館家具の使いにくさ、安っぽさには不満を持っていたので、書棚や机、椅子なども設計してもらうことにした。メーカーも鬼頭の指定する製作所に決めるよう管財課と交渉し、了解をとりつけた。鬼頭は書棚の図面を引き、原寸大の模型を作らせ、本を並べてみては私の意見をきき、修正していった。机と椅子も、坐って本を読み字を書いてみて直していった。特に気を使ったのは児童用の机と椅子で、その大きさ、形、体のおさまり具合を徹底的に追求した。色や材料も、子供っぽいものは決して使わなかった。また、少々乱暴にあつかっても傷まないように、十分な配慮をした。このとき作ったものが、その後の日本の図書館家具の流れを変えたと言っても過言ではない。

いよいよ最後になって、鬼頭と私の意見が対立したのは吹抜けについてだった。私には上部空間がもったいなく思えたが、鬼頭が、内部に大きな空間があることの意味と、庭木が梢まで見える高いガラス壁面の重要さを強調したので、結局私が折れた。できあがった図面を市長に見せたとき、私は何も言わなかったのに、市長はただ一個所、この吹抜けはもったいないなと言った。私が鬼頭の意図をそのまま伝えると、市長は、鬼頭さんがそう言うのなら、それでいいんだろうと、すぐ前言を引っこめた。竣工後、この吹抜けのすばらしさには誰もが感嘆した。それがなければ、日野市立中央図書館を建てる意味が失われてしまうほどのものだった。

複雑な地形を実にうまく生かし、その土地がまるで図書館のために用意されていたかのようにすら思えた。設計が完成したとき、私たち六人は、もうこれ以上の建築はありえないという自信と満足にひたされながら、何度も図面を見かえした。いま気づいたのだが、あのときは乾杯も何もしなかった。そんなことはどうでもよかったのだ。

それから十二年後、鬼頭梓建築設計事務所の『図書館建築作品集』が刊行される。その中で、鬼頭は次のように書いてくれた。

この設計は私たちの手だけで出来たものではない。今は亡き畏友佐藤仁氏と、同じく横浜国大の若き俊秀山田弘康氏との共同設計であった。もともと私の図書館建築に対する考え方の基本は佐藤氏から学んだもので、私はいつも図書館の設計をする度に氏に助言を求めてきたが、山田氏とは初対面で、そのすぐれた資質と感性とは私にとって鋭い新鮮な刺戟であったし、そこから私たちは多くのものを学ぶことができた。こうしてこの設計は二氏の能力と情熱に深く負っているのだが、じつはそれ以上に、私たちのグループと図書館との、特に前川館長との共同によるところがきわめて大きかった。私たちの仕事は一日移動図書館に同乗し、その活動を身を以って体験するところから始まり、幾日も幾日もの前川館長との討論がそれに続いた。それはさながら真剣勝負にも似て、時に両々相譲らず、議論は深更に及んだ。私たちはそれを通じて無数のことを教わった。

それは片々たる知識ではなく、先駆者のみの持つ情熱と苦闘の歴史であり、そこから生まれた確乎とした思想と信念とであった。だからこの建物の設計者の筆頭には、前川恒雄氏の名前が隠されているのである。

鬼頭のこの謙虚さと、何かを求めつづける誠実さが、日野市立中央図書館を作ったのである。

市民のなかから

日野市で中央図書館を建てることになったころ、昭島市では新たに図書館を作る計画が進んでいた。昭島市には当時、珍しいことに図書館に情熱をもっている社会教育課長がいて、何度も私のところに相談にきた。私は、何よりも職員、特に館長を選ぶことが重要だと説き、課長もよく分ってくれた。そして、市長を説得して、館長をよそから求めることになり、私に推薦を依頼してきた。多少のいきさつの末、いっしょに働いていた矢野を推薦し、彼は昭島市に移って図書館建設の準備をすることになった。昭和四十七年六月のことである。矢野の後任には、大田区立図書館でいい仕事をしていた枩沢《まつざわ》に来てもらえた。そのころには、日野市役所では、図書館の職員は経験のある専門家でなければならないということが常識になり、職員を採用するときも、応募者を司書に限り、専門試験をすることになっていた。

同じ年の八月には、東村山市でも図書館を設置することが決り、準備のための専門委員会が発足した。東村山市には子供のための地域文庫が五つあって、活発な活動をしていたが、その運営に当っていた人たちが中心になって、市立図書館がなければ市民のための読書環境は作れないと、市に繰り返し陳情していた。ちょうどそのとき、東京都の報告書「図書館政策の課題と対策」が出た。彼らはそれを読んで勇気づけられ、図書館を要求する運動を全市的なものにしていった。それに動かされた市が、本腰をいれて準備に入ったのである。

専門委員会は十二人から成り、運動を進めてきた川島恭子、鈴木敏子たちと図書館の専門家が加わり、私も委員を委嘱された。この委員会のユニークさは、婦人会長や青年団長、公民館運営審議委員などの、いわゆる社会教育団体の代表者がはいらず、図書館がほしくてその勉強をした人々が委員になったことである。その後、いくつかの市でも準備委員会が作られたが、多くの場合、いろいろな団体の顔を立て、図書館を利用したこともなく、図書館についての定見もない人たちを委員にした結果、委員会では図書館の邪魔になるような発言がしょっちゅうとび出した。東村山市では、市民運動と市が結びつき、実にみごとな人選が行なわれたわけである。

最初の委員会の冒頭、傍聴を認めるかどうかで、委員と市のあいだで相当はげしいやりとりがあった。結局認めることになり、毎回、何人かの傍聴者がきた。図書館に対する市民の関心の深さがよく分った。

委員会の議題はもちろん図書館についてだったが、議論はおのずと自治体の問題にまで発展していった。図書館の予算があまりにも少なすぎる日本の状況に話がおよんだとき、川島が言った、

「市の予算は本当のところ、どこでどう決るのか、決る道すじをいろんな人に聞いていきたい」

鈴木は市長にたずねた、

「市長さんは市の仕事の中で、図書館は何番目に大事だと思っていますか」

また、早く将来の図書館長を迎え、設置の準備を担当してもらうべきだという意見がでて、今度もまた私がその人選を依頼された。私は有能な人をとあちこち探したが、結局、日野の副館長だった鈴木喜久一に声をかけてみることにした。その企画力と実行力を買ったのだが、今は市役所の人間になりきっている鈴木が、はたして図書館の世界に戻るかどうか分らなかったし、多少気になることもあったが、とにかく、東村山に行く気があるかどうか尋ねてみた。もちろん即答は得られなかったが、数日後、行きたいと言ってきた。とんとんと話が進

み、十月、鈴木は東村山市の図書館建設担当主幹に任命された。

矢野はときどき日野にきて、建設の始まっていた中央館の設計図を見ながら、昭島市立図書館にとりいれるべき点を聞いていった。また東村山市立図書館の設計についても、鈴木が中心になって、専門委員会でこまかな点まで検討された。そうしてできあがった両市の図書館は、それぞれに設計者と図書館側の考えが正直に出た、特徴のある建物になった。

三多摩からおこった新しい図書館の波は、このころから全国各地に広がりはじめ、特に関西に、枚方市を代表とする新しい図書館がつぎつぎに誕生した。移動図書館も増え、複数館をもつ市も多くなった。とりわけ県庁所在地がそうで、それまでは県立図書館しかなかった市が、市立図書館を作るようになった。大都市では、昭和四十年頃から着実に作っていた名古屋にならい、地区館づくりが軌道にのりはじめた。

日野市立中央図書館の建築工事は八月に始まり、私はほとんど毎日、日に一回は現場を見にいった。鬼頭事務所の監理は厳しく、柱のコンクリート打ちが不十分だといって、立ち上がっていた一本をこわして作りなおさせたこともあった。内外装や細部のデザインについては、鬼頭の思いどおりにしてもらった。内壁の塗料を決めるとき、鬼頭はいろいろな色をさまざまに混ぜあわせ、やっと納得したらしく、その色をA５判の本くらいの大きさの板に塗って、これでどうでしょうと差し出した。私は実際にはどういう感じになるのか見当がつかず、何とも答えられなかった。塗りあがってみると、小さな板と大きな壁では全く感じが違うので、さすがはプロと驚いてしまった。外壁に煉瓦がはり終えられるころには、特に珍しい形をしているわけでもない壁面や窓、外階段が、一ミリたりとも動かせないような、計算しつくされた調和をたもち、美しいしっかりした建物になっていた。しかも、人をさそいこむような暖かさにつつまれ、大きな木々の残る自然の中に焼過ぎ煉瓦のしぶい焦茶色がとけこんでいた。

私は日一日とできあがっていく建物をながめ、手でさわり、工事をしている人たちに話しかけた。そんな日が半年あまりつづいて、中央館は昭和四十八年の二月に竣工した。

引越しや準備が終って、四月、開館式が行なわれた。その日は午後からサービスを開始したのに、二九〇〇冊も貸し出した。その後も利用はどんどん増え、一日四〇〇〇冊の貸出しがあるようになった。もちろん返却される本もある。その両方を、カードを使うブラウン式で処理すると、ものも言いたくなくなるほど疲れた。利用者への応対も、午前中ははりきっているが、四時頃になると、まだ来るのか、もういいよと、ふと思うときさえあった。しかし疲れを顔に出さないことで、私たちはお互いを励ましあっていた。

「いい図書館ね」

「ここに来ると気が安まるよ」

「この椅子、とても坐りごこちがいいけど、どこで売っているの」

などと話しかけてくる人もあったが、いちばん多かったのは本についてのほめ言葉だった。

「本がたくさんあってうれしいわ」

「ここまでそろえるのは大変だったでしょう」

「こんないい本、よく買っていたね」

移動図書館に毎日積みかえていた本、この日のために買ってきた本がずらりと並ぶと、たしかに一つのまとまった力が感じられた。しかし、最初は棚がうずまらず、補充しても補充しても借りてゆかれるので、歯が抜けたようになっていた。

開館後しばらくして、石川県立図書館長を長くつとめた市村新が見に来てくれた。市村は図書館界のリーダーの一人で、私はその素直な人柄を尊敬していた。個人的にお世話になったこともあった。氏は私といっしょに館内をひととおり見てから言った、

「君はやっぱり司書だなあ」

おそらく氏は、私が移動図書館だけでこれまでにない利用実績をあげたと聞いて、多くの図書館員と同じように、程度の低い本で利用者を釣っているのではないかと思っていたのだろう。しかし、実際に書棚を見て、思わず口に出たのが、その言葉だったのだと思う。私は

先生にほめられた生徒のようにうれしかった。

利用者はいい本があると喜んでくれたが、本を使わない利用者はそうでなかった。「閲覧室はないんですか」と聞く受験生が毎日何十人もいたのだ。「ここには受験勉強をする場所はありません」と言われても素直には帰らず、職員にくってかかる学生もいた。そういうときには私が応対した。図書館についての私の考えを言って説得すると、たいていは何かごまかされたような中途半端な顔をして帰っていった。だが、それでも怒りだしたり、大事な受験勉強をしに来たのにサービスしないとはけしからんと向ってきたりする学生もいた。

今でも忘れられない学生が二人いた。一人は「駿台浪人共闘」と署名したビラを館内にばらまいた。「この図書館はけしからん。一部のブルジョアのみにサービスして、われわれプロレタリア浪人生のためには何もしない。この図書館の館長は糾弾すべきである。○月○日○時、図書館前に集まろう。館長は出てくる義務がある」というような内容だった。私は糾弾されるのはいやだったが、逃げるわけにもいかず、無用の混乱がおきると困るので、指定の日時に図書館の前で待っていた。だが、誰も来ず、拍子ぬけするとともに、ほっとした。

もう一人の学生は、勢いこんでやって来て、「なぜ受験勉強させないんだ」とどなった。私は、図書館は本を使ってもらうためにあるのだから、ここにあるいい本を読んでほしい、けっして受験生をしめ出そうとしているわけではないと説明した。彼はだんだんおとなしく

なり、ついにはうなずいてくれるようになったが、最後にこう言った、

「館長さんの言うことはよく分りました。でも、図書館は受験勉強をする所なんです。だから、ここは名前を変えてくれないと人が迷います。資料館とかなんとか、とにかく図書館という名前はやめてください」

中央図書館ができたおかげで、それまではやりたくてもやれなかったことができるようになった。その一つは障害者サービスで、すでに東京都立図書館は視力障害者のために良い仕事をしていたし、職員の中に学生時代ボランティア活動をしていた人がいたので、スムーズに仕事を拡げることができた。点訳や録音の奉仕をしてくれる人も増えていった。子供たちのためのお話し会や、集会、展示もできるようになった。集会室と展示室は、誰でも使いたい人が使えるようにした。その展示室に置くようにと、松本キミ子のご主人が、自分の作った鉄の彫刻を寄付してくれた。

ある日、国立国会図書館の教養課長、岡村が訪ねてきた。

「職員研修をやるんだけど、講師に来てくれないかなあ。いやあ、公共図書館に来たのは始めてだよ」

私は驚いて言った、

「それはとても気になることですね。国会図書館にながいあいだ勤めている課長さんが、始

めて公共図書館にきたなんて――。国会図書館の人たちは外国の図書館のことは本などで勉強していても、日本の図書館を真剣に知ろうとしていないんじゃないでしょうか。国会図書館のお客は全国の公共図書館や大学図書館でしょう。お客を知らずに、お客の顔も見ずに商売はできないと思います。その研修、国会図書館でやるのもいいですけど、何週間か公共図書館で働いてみるのが何よりだと思いますよ」

岡村が学校の先輩であるという気安さもてつだって、私はかねがね思っていたことを率直に言ってみた。岡村はその後、私の提案を実行してくれ、今でもその実地研修はつづいている。「何のためにこんなことをさせられるのか」と言う人もいるようだが――。

図書館協議会も委員が替り、若い人がふえた。石田の駐車地を作ってくれた松本キミ子は、そのころのことを十三年後にこう書いている。

（日野市立図書館が発足してから）八年たって中央図書館が出来た翌年、日野市図書館協議会委員になった。一回目の図書館協議会に参加して驚いた。産休補助教員として参加していた職員会議しか知らない私は、若者は夢をもつが、中年は、世間の常識を盾に何もしないと思っていた。ここでは夢みる男たちが、夢を実現させるためにケンケンガクガクしゃべっていた。民主主義が現実社会にもあったのだと目がさめるようになった。

一年近くのスペイン留学をはさんで私は八年間図書館協議会委員をやった。この八年間の私の授業記録がキミ子方式の絵の描き方となり『絵のかけない子は私の教師』（仮説社）という単行本になった。この本の最初の一冊を、私は感謝をこめて、前川さんに贈った。

キミ子方式というのは、絵の指導をとおして、落ちこぼれとか駄目だとか言われている子供たちに自信をもたせ、その可能性を伸ばすものである。松本は私に感謝してくれたが、本当は図書館とそこにある本に感謝すべきである。なぜなら、図書館は、人々が本と出合い本を利用することによって、自分の可能性を発見し育てていく所であり、これは松本のしていることと、まっすぐにつながっているからである。

中央図書館ができても、移動図書館は主役でありつづけた。宮内嘉久《よしひさ》の「それと意識しない舞台のかなたに」（「建築」昭和四十八年十一月）は、そのころの日野市立図書館を実に的確にとらえているが、移動図書館についての一節を引用したい。

一つのステーションに近づくと、〈ひまわり号〉はテーマ音楽を流しながら辺りを一巡して本の到着を告げる。そこは低層の都営団地とかで、真中の小さな広場に着くと、職員三人（他の一台には五人と聞いた）が、てきぱきと店開きをする――ドアを開け、本棚を開き、返却用の受付机を下し、パラソルをしつらえ、箱を幾つか地面に敷き並べる。そのときにはもう本を小脇にかかえた子供たちがやってきている。主役は子供と主婦だ。

ぼくの驚いたことは、その主役たち、いわばお得意さんと職員たちとの馴染みの深さである。運転席のうしろの窓が貸出し用にしつらえられているところで「ナントカさん、ごめんなさい、この前リクエストなさった本、この次に持ってきますからね」と女子職員が若い主婦に声をかけている一方では、ブック・モビル入口の外側に設けられた返却台のところで、まだ小学校二、三年の女の児が、男の職員にちょっとした読書相談をしている——「千代紙の折り方、もっと知りたいんだ」「U子ちゃんは折紙好きだねー、これ、もう三冊目だろ?」

炎天下の一時間、お客は引きもきらず、本を返しにきてはまた何冊も抱えて帰ってゆく。おかしかったのは〈ひまわり号〉が着くのを待っていたように——事実そうなのだろう——雑貨屋のおやじがすぐ近くで屋台を拡げたことである。〈ひまわり号〉は内側に児童書、外側には大人向けの本を並べている。高橋和巳の堅い本なんかも入っている。見ていたら、なかにひとり、童話の本を三冊ほど、カードと一緒に貸出しデスクに差し出していた六年生くらいの女の児が、外側の書棚からもう一冊、《スプーン一杯の幸せ》という本を抜き出したのでびっくりした。「これはママの分」と、その子はちょっとはにかんで帰っていった。……(中略)

ここの職員(現在二十三名、館長とも)は、全員交代でバスに乗るそうである。前川さんは「乗らないと職員はだめになりますね、私自身も」と、ぼくに語った。この小文の冒頭に誌した「人」の問題、その大切な一つの環は、この職員によって支えられているということ、それを見落しては間違うだろう。明るく、親切で、お役所風のみじんもない、生き生きと働いている職員たちひとりひとりの表情にこそ、この日野の図書館の輝きがある。

そのころは、日本の政治、経済、社会にあとあとまで影響をあたえる事件があいついだ。昭和四十七年の二月、連合赤軍が浅間山荘にたてこもり、七月には田中内閣がスタートして、九月には日中国交回復が実現した。四十八年には、土地の高騰やオイルショックなどのためにインフレがおこり、全国的に革新自治体がふえた。

日野市でも、中央図書館が開館した三ヵ月後に市長選挙が行なわれ、革新の森田喜美男が当選した。ながく保守市政がつづいていたので、市民にとっても新しい事態であったが、特に市役所の職員たちのあいだには迷いや動揺がうずまいた。どうせつづかないさと言う者もいれば、新しいバスに乗りうつろうとする者もいた。私はマイペースをつづけるだけだった。しかし、図書館に理解のある市長が二代つづいたのだから、今度の市長は図書館に冷たいだろうと予想したのか、有山が亡くなったときと同じような反応があらわれた。もう経験ずみのことではあったが、私は超然としておれるほどの人間ではなかったし、してもおれない現実だった。

新しい担当者との予算折衝は特に厳しかった。前の担当者はあからさまに口にだしたが、今度の担当者は、私が何を言っても聞く耳をもたず、まったくのれんに腕おしで、どうにもしようがなかった。

中央図書館が建設されたあと、私にはやりたいことが三つあった。第一は、分室程度の分館を本格的なものにして、しっかりとしたシステムを作りあげること。第二は、市民に地域の行財政資料を提供して、地方自治の確立を助けること。この資料室は、イギリスの市立図書館にはかならずあったものである。これがなければ、市民は自分の町を自分の手で作れず、図書館を市民の中にしっかりと位置づけることもできない。第三は、身体障害者に対するサービスを徹底して、真に誰もが利用できる図書館にすること。このうち、第三の身障者へのサービスは入口にさしかかっていた。また第二の行財政資料の提供は、人さえ得られればできるはずだった。問題は本格的な分館づくりで、予算折衝のときの手ごたえでは、ほとんど絶望的だとしか思えなかった。現状を守ることができるかどうかも危なかった。

森田市長は一年近く助役を選任することができず、市役所は落ちつかなかった。中枢にいたある課長が、珍しく私に話しかけてきて、ほとんど一方的に苦しさを訴え、あなたが替ってくれるといいんだがなどと、とっぴなことを言ったりした。

そして昭和四十九年四月、まったく唐突に、それは私にとっても唐突そのものだったが、私が助役に選任された。なぜ私が選ばれたのか、今もってよく分らない。市長も何も言わなかったし、私も聞いたことはない。ただ、それからしばらくたったころ、前市長の古谷栄が言った、

「あのときは、君しか助役をやれる者はいなかった。森田さんも考えたんだなあ」

私が助役としてしたことを全部書く必要はない。その後の日野市立図書館と、それに関わりのあることだけを書けばよいだろう。

私が助役になるとすぐ、後任の館長に自分や他人をそれとなく推薦する人が何人か現われた。自分がなるのが当然だという態度の人もいた。なかには心の動く人もいたが、私は、若いころからの友人で東京農工大学の図書館にいた砂川雄一に来てもらおうと思って頼みに行った。砂川は最初しぶったが、とうとう言った、

「君が作った図書館を駄目にしてしまうかもしれないが、それでもいいか」

「いい。君が駄目にするはずはないが、もしそうなっても、それはそれできっといいことにちがいないから」

館長になってくれた砂川は、私がしたことをそのまま踏襲し、サービスも同じ考え方で深

めてくれた。二代目は初代と比較されがちで、普通にやったのでは評価されないから、いきおい変ったことをしがちである。砂川は変ったことができない人では決してないが、じっと忍耐してくれた。変ったのは、移動図書館の運転を館長もするようになったことだろう。また有山市長のときの私と同じような苦労をしたにちがいないのだが、砂川は一言ももらしたことがない。

私は、図書館の予算や人事について一切口出ししなかった。しかし、私の気持を察してであろう、図書館はごく当然の要求を出し、企画財政部は妥当な結論を出していた。もちろんすべての背後に市民の無言の支持と要求があったことは言うまでもない。

本格的な分館づくりも着実に進んでいった。児童館を転用した平山図書館、不要の郵便局を国から買いとって改装した日野図書館、そして新築した高幡図書館などである。どれもが駅に近く、町の中心にある。そんないい場所にできたのは偶然のように見えるが、いろいろなことが重なってそうなったのである。私の考えを実現するために、市民や市の職員が積極的に協力してくれたからこそ、たまたまそういう場所にできたのだと思う。

古谷市長時代から市庁舎の改築計画が進んでいたが、昭和五十年、設計の審査をすることになった。ある設計事務所が、庁舎の一部を図書館の分館にするというプランを出していた。助役が図書館長だったことを計算に入れたものではないかと疑った私は、審査に当った十数

人の部課長に言った、

「まったく自分の考えに従って投票するように」

ところが、圧倒的多数でその案が採用されてしまった。正直に言って私は困った。というのは、市役所は分館を作ってもほとんど利用が期待できないような所に建つ予定だったし、プランに書かれた分館の面積は小さすぎて、市民を引き寄せられるほどの蔵書がおける規模ではなかったからである。

しかし、すぐ、市の行財政図書室をここに置こうと思いついた。市民も市の職員も市会議員も使える図書室にすれば、私の計画の一つが実現できる。砂川に相談して計画を進め、昭和五十二年十二月、市政図書室が開館した。開館後まもなくの議会で、ある革進系の議員が、この分館は無駄ではないかと質問した。それから一年もたたないうちに、同じ会派の議員が、市政図書室が政策づくりにいかに有効であるかを力説した。

私は助役として、図書館のためにはほんの少ししか時間を使わなかった。また、図書館にばかり力を入れているように見られると、かえって図書館のためにならないことが、有山と同じように、私にもよく分っていた。しかし、私が助役でなかったら、少なくとも分館や市政図書室は作れなかったと思う。私が図書館長でありつづけていたら、そのときの市役所のなかでは、手も足もでなかっただろう。図書館のためだけを考えてみても、私が助役になったことに、神の見えない手とでもいうべきものを感じるのである。

昭和五十五年、いちばん古い分館だった高幡図書館を建て直した。設計者は中央図書館の設計にたずさわった長谷川で、鬼頭事務所から独立していたのである。

開館式のとき、市長につづいて市議会の文教委員長が挨拶した、

「私たちは、市立図書館によって、皆さんのふところから本代を出さなくてもいいようにしたいと思っています」

そのあと、利用者代表の佐藤明代が言った、

「いま、議員さんは、私たちのふところから本代を出さなくてもいいようにしたいと言ってくれました。しかし、図書館があると本を買わないといけなくなります。私も日野に引越してきてから、いい図書館があるので本を読むようになり、子供も本好きになりました。そうすると、どうしても手もとに置いておきたい本がでてきます。借りるだけではすまず、買うことになります。私の家は小さな家ですが、いまは本でいっぱいです」

図書館の本質をみごとに言いつくしてくれた。

式が終ると、参列していた数人の書店主が私をとりかこみ、口々に言った、

「図書館のおかげで店の売上げがのびた」

「うちは支店を出せるようになった」

何より嬉しかったのは、

「図書館ができてから店の品ぞろえが変った。いい本が売れるようになった」

と一人が言うとみんながうなずいたことである。

私は市役所にいて市の行政にたずさわり、さまざまなことを学んだ。図書館についての収穫の一つは、図書選択における市民と図書館の関係が、行政選択における市民と行政の関係とほとんど同じだと気づいたことである。

先に触れたように、図書館は、市民の要求に合せながら、主体的な判断によって本を選び、その選択がまた市民の要求に影響を与えてゆく。良い選択が行なわれている図書館にはレベルの高い要求がでて、市民も図書館も高まってゆく。

助役のところには、さまざまな人がさまざまな要求をもって現われる。聞くべき要求も多いが、聞きたくない要求もあり、なかにはおどかすような言い方で迫ってくる人もいた。何百人もの人が押しかけてきて、「天井が落ちるから下でしてください」と総務課長が飛んできたこともある。

市民を高めるような要求、行政がぜひ取りあげなければならない要求もあったが、市民の自立をさまたげるような要求もあった。そのような要求は、日野か他の市が市民に媚びるような施策をしたり、要求に屈したりした実例から誘発されたものだった。

行政選択の場合も、市民の要求を謙虚に聞き、市民の自治能力を高めるような施策を選べば、市民はよりレベルの高い要求をするようになるものである。行政選択は、市民からあずかった金をどこにどう使うかということだから、図書館の図書選択も小さな行政選択であるといえる。二つが一本の糸でつながっているのは当然のことであった。

私は市役所で、何とか行政と市民の間に行政をめぐる環を作ろうと努力したが、それは私が日野にいる間にはできなかった。図書館では、市民とのあいだに打てばひびくような関係があったし、私自身が直接その接点に立つことができた。しかし、市役所では、市長から市民に直接接している職員までのあいだに、血のかよった道を作らねばならず、これは数年でできるほど容易なものではなかった。

日本の公共図書館は、日野市立図書館が発足した昭和四十年を境に発展しつづけ、貸出冊数は約二十五倍にもなった。それよりも図書館の質が変った。市民の役に立ち、市民生活になくてはならないものになった。浪江虔はこの転換を図書館革命と呼んだ。私は、大勢の優れた人々に助けられてこの転換をなしとげ、基本的な理論を作り上げる任務をになったことに感謝している。

何よりも嬉しかったのは、日野の拓いた道を多くの図書館員が歩んでくれ、二十年間、苦労を分ちあってくれたことである。一つの小さな点がいくつかの点になり、それが何十何百という大きな点、さらに面へと拡がっていった。特に北海道の置戸町立図書館の活動は、この拡がりに決定的な影響を与えた。

日本の公共図書館には、「日野は東京近郊の町だから」「都会でやれても田舎は違う」「貸出中心だと農村では利用者はいない」という考えが根づよくあった。そんなとき、置戸の沢田館長は、『市民の図書館』の示す道をその地に生かし、農村での新しい図書館づくりに全力をあげて突き進んだ。そして、孤立に近い活動だったにもかかわらず、人口当り貸出冊数で日野に追いつき追いこした。利用が大きいばかりでなく、町民に支えられて、新しい産業をおこす原動力にもなっていった。置戸の活動は周辺の町立図書館に強い刺激をあたえ、多くの図書館がつぎつぎと置戸のようになっていった。図書館は農村では育たない、小さな町村には図書館の利用はないという迷信を、事実でうちくだいてくれたのが置戸町立図書館であった。

「もともと地上に道はない。歩く人が多くなれば、それが道になるのだ」という魯迅の言葉そのままに、日本の公共図書館の道は作られた。日野のすぐあとを歩いてくれたのは三多摩の市立図書館だった。いま振り返ってみると、それらの図書館が最も苦労してこの道をふみ固めてくれたのだと思う。日野が最初に歩きだしたことが、目標を作り、これらの図書館を励ましたことは間違いない。だが、今とはまったく違う状況のなかで、日野とは違った条件のもとで、あとにつづくには、私の味わったのとは違う困難があったはずである。

その困難を克服するために、せめてプロの図書館長たちだけででも、助けあい励ましあえる場を作ろうとしたが、数人の協力しか得られなかった。原因の一つは、各館はライバルであるべきなのだが、実際にはかならずしもよいライバルにならなかったことである。もう一つは、日野という目標を追うだけでは日野につづくことにならないのは勿論だが、いくつかの館ではそれを意識しすぎて、日野と違ったことをするのが目標になってしまったことである。その結果、変な理論を編み出して図書館の結束を乱したり、目立つ言動で一時的な評価を得たりする人が現われて、自分のいる図書館をぐらつかせていった。しかし、私は彼らを批判できない。なぜなら、彼らはとにかく市民の図書館を築くための道を歩いたのだし、その困難な道を目立つことも目標を見失うこともなく進むには、相当の克己心がなければならなかったからである。彼らがいなければ、日野もなかっただろう。もちろん現在の公共図書館の姿もないだろう。

日野市立図書館が出発してから二十年、東京都が図書館政策を打ち出してから十五年、図書館をみる社会の目は大きく変った。図書館を求める市民の声はますます高く、図書館に寄せられる期待も大きくなるばかりだ。だから、その期待が裏切られたときの失望と批判も大きく厳しい。これまでの図書館員は、本を貸し出し親切にするだけで、喜ばれ感謝された。しかし現在は、プロとしての能力はもちろん、その教養から事を処する態度まで、つまり全人格が問われるようになった。恐ろしくもあり、ありがたくもある時代である。図書館は、やっと一人前に扱われるようになったのだ。

ところが現在、地方財政のひきしめによって、図書館の予算と人員が停滞し、一部では縮小されている。図書館ではない図書館を作って住民の図書館像をゆがめ、結果としては無駄な投資をする自治体も現われた。そんな現状を、たまたま図書館に来たとしか思えないような館員が、訳知り顔の理屈で取りつくろっている。

また、コンピュータの影が図書館をおおっている。館によっては、コンピュータを、図書館の正しい機能を実現するためではなく、本を物として、情報の載った紙の束として扱うために使っている。それどころか、コンピュータの出現によって、小さな小屋からあらゆる資料がとりだせる、つまり図書館はコンピュータの端末置場になると予想する図書館学者さえ現われた。

私は今でも、イギリスでお世話になったブライアン氏と文通している。最近、氏は、イギリスの図書館界には「管理マフィア」と「テクノロジー派」がいて、若い図書館員をまどわしているという手紙をつけて、イギリス図書館協会の紋章入りネクタイを贈ってくれた。「このネクタイを締めていれば、日本の管理マフィアやテクノロジー派に立ち向う勇気が出るでしょう」と礼状を出したら、「今の図書館協会からは、そんな勇気は与えられないかもしれない」と返事がきた。

これからの日本の図書館を考えるとき、私が共に歩んできた人々の足跡は何かの参考になるだろう。現在の状況を作るための長い道程はもちろん、その中で傷つき倒れた人々からも学び、それらの人々を正しく評価したいものである。今では考えられもしないような困難の中で一つ一つ敷石を置き、無言で立ち去った人たちのことを忘れて、その敷石の上を駆けぬけ、その速さを誇る者もいる。

今も、雪や雨のなかを、かじかんだ手に息をふきかけながら、少数でも熱心な市民のために、小さな移動図書館で巡回している人たちがいる。テレビの圧倒的な影響を受け、しらけた表情をしている子供たちを前に、懸命に物語を読んでいる人たちがいる。あらゆる理論や政策は、与えられた使命を果すために誠実な努力が積みかさねられている、このような目立たない現場から生れる。しかし、現場に足をおかないあぶくのような理論や提言が、図書館の発展をさまたげ、現場の困難をいっそう大きくしている。

われわれは、カウンターで市民と格闘しなければならない。その格闘から学ぶことによってのみ、正しい理論と信念をみずからのものにしうるからである。そのためには、学ぶにたる現場を意識的に作ってゆく営みが必要である。

私は、日本の公共図書館を変えるという大きな仕事に参加して、自分の力を試され鍛えることができ、しかもそれがまっすぐに市民、国民の幸せにつながる仕事であったことを、誰に感謝すべきだろうか。そして、どうにもならない窮地に陥ったとき、不思議に誰かが助けてくれたり、局面がぱっと開けたりしたのは、誰かが見守ってくれていたのだろうか。

日本の公共図書館は、今もなお大きな変革期の渦中にある。前途には、これからもむつかしい問題やけわしい壁が生れるであろう。だが、若い図書館員たちは、たえざる精進によって、また、みずからの力でみずからを創る人々に助けられて、あらゆる困難と壁をのりこえてゆくであろうことを、私は信じている。

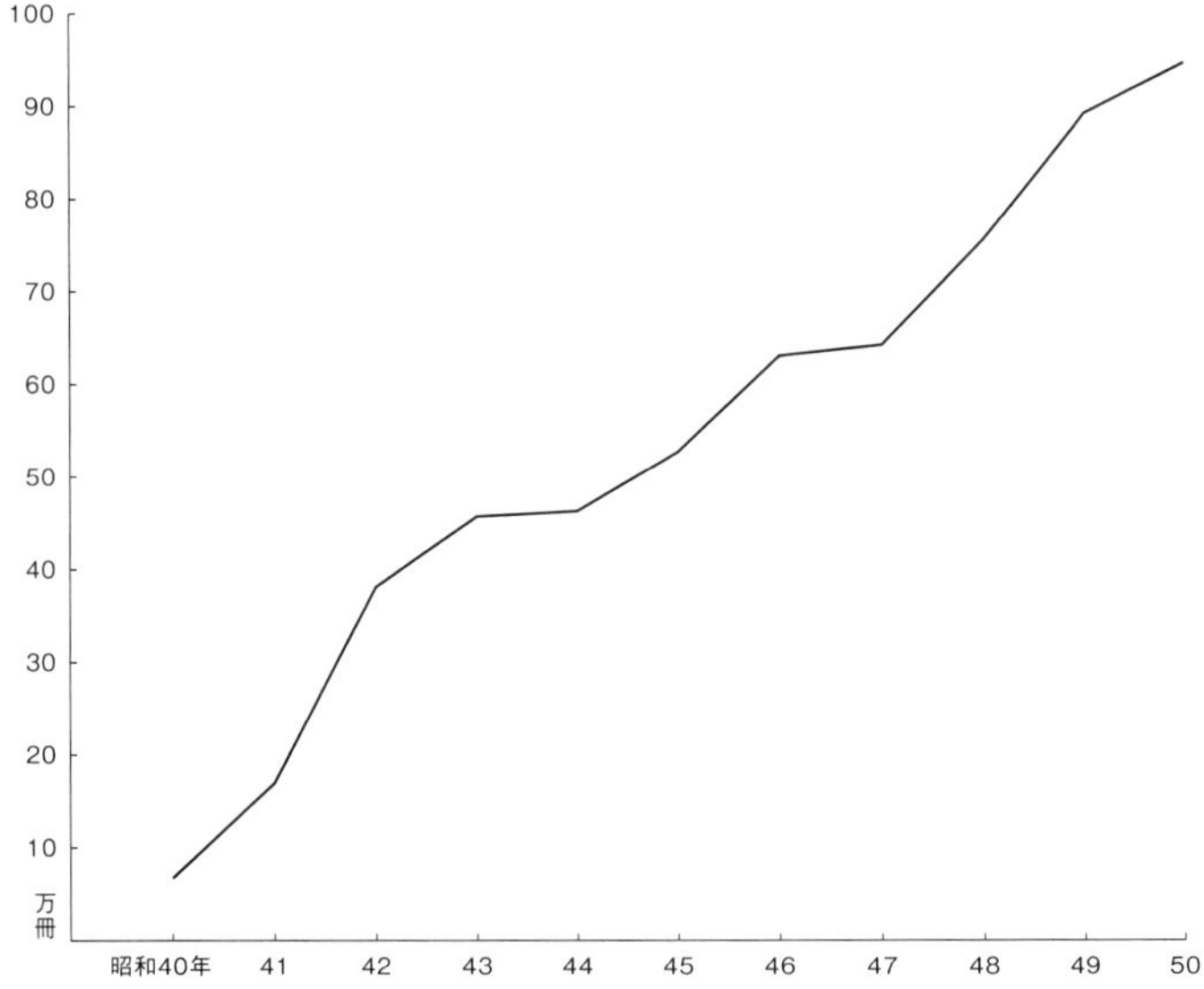

日野市立図書館貸出冊数

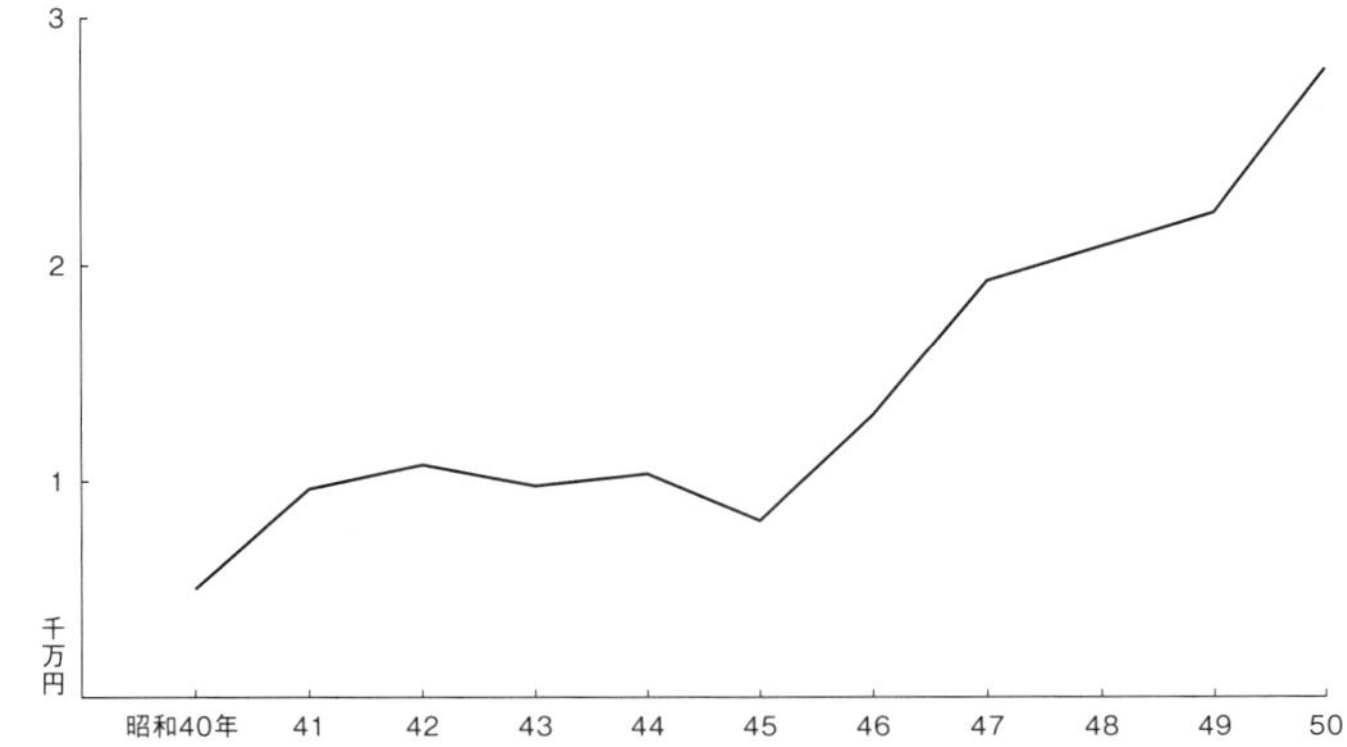

日野市立図書館図書費

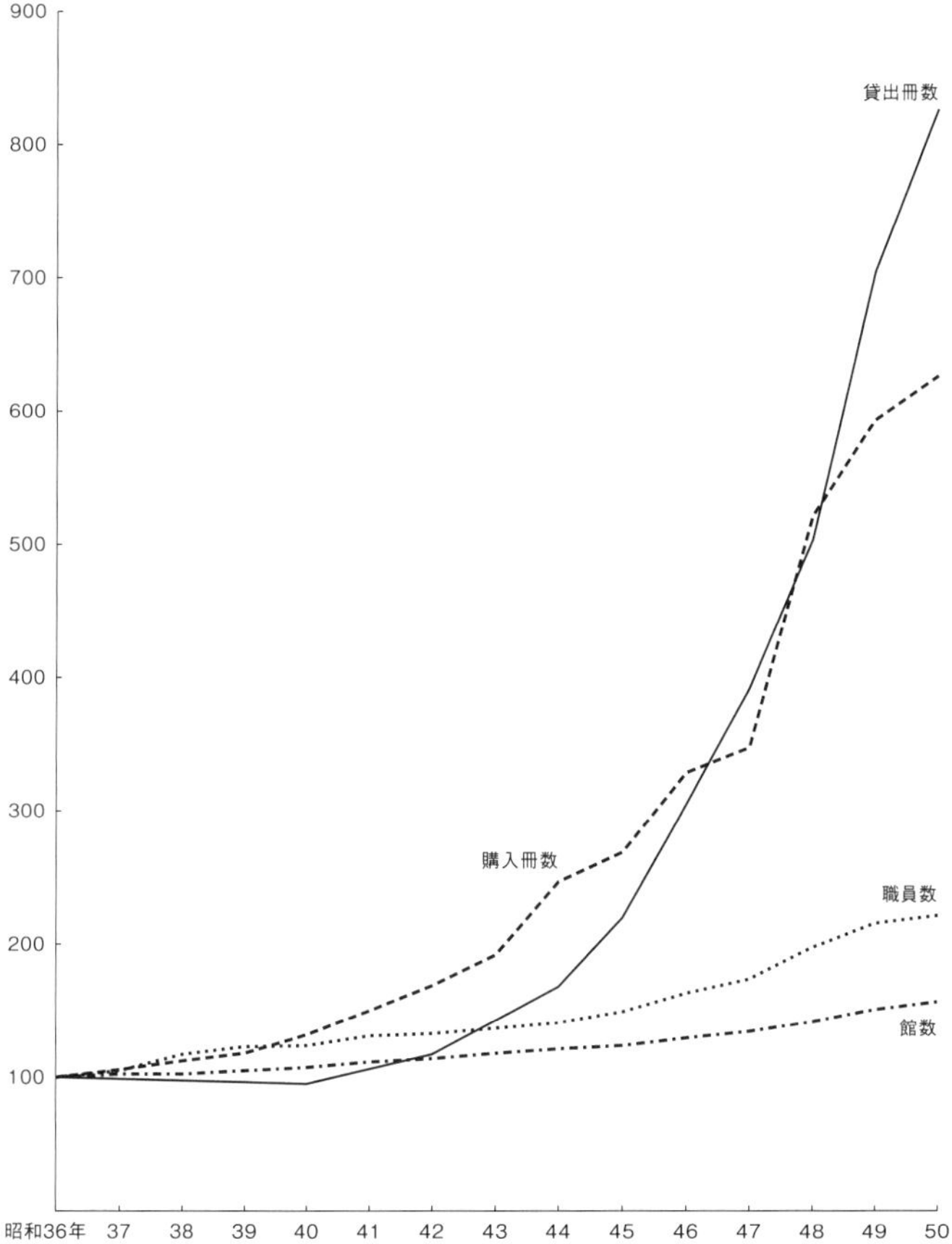

市町村立図書館の発展

昭和36年を100とした指数

（昭和40年以前は移動図書館の個人貸出冊数統計がないので、150万冊を推計して加えてある）

あとがき

一つの大きな事業が発展するとき、全体が足並みをそろえることは稀であろう。特にそれが基本的な方向転換をともなうときは、ある一点における転換が周囲に波及し、いつか全体の流れになる。そのような発展過程をたどったのが、昭和四十年以後の日本の公共図書館であり、その一点を意識的に作りあげ守りぬいたのが、東京の日野市立図書館である。

日野市立図書館創立の準備のときから九年間、館長として働いた私が、この本を書くように誘われた理由は三つあると思う。

一つは、日本の公共図書館の変革を歴史的にあとづけ記録すること。二つには、この変革を支えた理論がどのようにして作られたかを具体的に書くこと。それは理論によって現実に働きかけ、さらに現実に学んで理論を修正してゆくということの繰り返しであった。そして三つには、私の経験を、何かを成そうとする人のための参考に供すること。この変革の途上でも、多くの人々がいろいろな立場でさまざまな言動をした。その織物のような事実の記録は、志ある人々への励ましになるだろう。

原稿を書きはじめてから五年もたってしまった。怠惰のせいでもあるが、心の底に重いしこりとなって残っている思い出にぶつかると、どうしても書けなくなってしまうことがあったからである。どうにか書いてみても意にそわない文章になってしまい、何カ月もたってから、気持を変えて書き直したこともあった。いまやっと書きあげられたことは、もちろんうれしい。しかしそれよりも、十年のあいだ思い出をさらさなければ書けないような道のりを歩めたことが、何よりもうれしい。

この本もまた前著『われらの図書館』と同じく、松下裕、大西寛両氏の励ましによって生れたものである。本書が両氏の編集者としての力量に恥じないものであることを願い、心から感謝したい。

一九八七年十二月

前川恒雄

復刊に際して

この本に記した私の仕事ができたのは、多くの人々の指導・支援があってのことで、まずそれらの人々への感謝の気持を書きたい。

日本図書館協会から日野市にかけての有山崧、日野市長としての古谷栄、それに東京の図書館振興策づくりにおける、日比谷図書館長であった杉捷夫、それぞれ高い識見と人格で私達を導いてくれたが、特に私を信頼して、仕事を一切任せてくれた。

また、日野市立図書館では、職員が実に良く働いた。能力も人柄も人それぞれだが、誰もが他とは違う長所を持っていた。その長所が花開いた時、その人しかできない力を発揮して、私を助けてくれた。もう亡くなった人もいるが、一人一人の手を取ってお礼を言いたい。

ここで強調したいのは、職員がどんな苦労もいとわず働いてくれたのは、何と言っても利用者が喜んでくれたからである。自分のしている仕事の意味が、利用者の笑顔によって示された時、職員は充分の力を発揮する。私が最も感謝しなければならないのは、日野の市民である。その上で職員が仕事に打ちこめるためには条件がある。それは職員の身分が安定していること、将来に希望がもてること、つまり非常勤職員ではないことである。

日野という日本の中の一つの点から生まれた図書館の理論と実践は、日本の図書館を質量ともに大きく発展させ、社会の図書館観をも変えてきた。

「ひまわり号」がスタートして五十年、日本の図書館の数は七七三館から三二六一館となり、貸出冊数は、約八七〇万冊から六億九千万冊へと増加した。これは、受験勉強の場から、市民の図書館へと、本来あるべき図書館へと大きく舵をきった結果にほかならない。

しかし現在、図書館の前には幾つもの壁が立ちはだかっている。

図書館サービスの基本は貸出しであり、貸出カウンターで利用者に接し、利用者を助け、利用者を知ることとなくしては、図書館業務全体が空洞化する。ところが、貸出しをただ利用者に本を手渡しするだけの単純作業だと軽視し、司書は「より高度な」レファレンスなどに向うべきだと主張する学者や図書館員が現れ、「課題解決型」という意味不明なサービスを提唱する学者もいて、現場を混乱させている。

数年前から、図書費が全体として削られ、職員の中、非常勤職員が六割に達するまでになっている。利用も全体として下り始めている。大きな閲覧室を作り、受験生が大勢来ると宣伝し、日野以前に逆行する図書館すら現れた。

だが、現在、図書館最大の問題は委託である。政府は指定管理者制度をつくり、委託を勧め、マスコミもこれを後押しした。委託された図書館では、職員は殆ど非常勤であるから、使命感は喪われ、長期の展望をもっての仕事はできず、職員は育たない。会社は利益を求め、会社にとって都合のいい仕事を優先し、市民へのサービスは二の次となる。費用も委託の方が高いくらいであり、利用は減る。

委託の方が優れていると評判だった図書館（複数）の実態が数年前に明らかになり、今では委託すべきでないが常識だと思う。

ところが、〝高市早苗総務相は昨年一一月二七日の経済財政諮問会議において、図書館などへの指定管理者制度導入推進となる地方交付税算定方法の変更などを提起、安倍首相は「着実に具体化してもらいたい」と議論をまとめた。〟（松岡要「高市総務相が指定管理図書館を推進」出版ニュース・二〇一六年三月下旬号）地方交付税は政府の方針に従うかどうかは関係なく、地方財政の安定化を図るための制度であるのに、それにまで手をつけて、図書館などの民間委託を進めようとしている。この方針が実行されれば、殆どの図書館は委託され、「ひまわり号」以後築いてきた「市民の図書館」は壊滅するであろう。

日野のある市会議員が言った、「みんなをあんまり賢くしてもらうと困るんだよなあ」（一五二頁）を思い出す。

最後に、この本を復刊して下さった夏葉社の島田潤一郎氏に心からの感謝の念を捧げたい。

本書は『移動図書館ひまわり号』(一九八八年四月　筑摩書房)を
底本として使用しました。

前川恒雄（まえかわ・つねお）

一九三〇年生まれ。石川県出身。

小松市立図書館、七尾市立図書館、日本図書館協会を経て、六五年、東京都日野市立図書館長。

日野市助役を務めたのち、八〇年、滋賀県立図書館長、九〇年から九八年まで甲南大学文学部教授を務める。

著書に『前川恒雄著作集1～4』（出版ニュース社）、『新版 図書館の発見』（ＮＨＫ出版）、

『われらの図書館』（筑摩書房）、『未来の図書館のために』（夏葉社）などがある。

二〇二〇年死去。

移動図書館ひまわり号

二〇一六年七月一五日　第一刷発行
二〇二五年四月二五日　第二刷発行

著　者　前川恒雄
発行者　島田潤一郎
発行所　株式会社 夏葉社
〒一八〇-〇〇〇一
東京都武蔵野市吉祥寺北町
一-五-一〇-一〇六
電話　〇四二二-二〇-〇四八〇
http://natsuhasha.com/

印刷・製本　中央精版印刷株式会社

定価　本体二〇〇〇円＋税

ISBN 978-4-904816-20-2 C0000 Printed in japan